DEUSES EM GUERRA E PACTO
NA AMÉRICA LATINA COLONIAL

MARIA CECILIA DOMEZI

DEUSES EM GUERRA E PACTO
NA AMÉRICA LATINA COLONIAL

Direção Editorial:
Marlos Aurélio

Conselho Editorial:
Avelino Grassi
Edvaldo Araújo
Fábio E.R. Silva
Márcio Fabri dos Anjos
Mauro Vilela

Copidesque:
Thiago Figueiredo Tacconi

Revisão:
Ana Aline Guedes da Fonseca de
Brito Batista

Diagramação:
Érico Leon Amorina

Capa:
Vinícius Abreu

© Ideias & Letras, 2015.

Rua Tanabi, 56 – Água Branca
Cep: 05002-010 – São Paulo/SP
(11) 3675-1319 (11) 3862-4831
Televendas: 0800 777 6004
vendas@ideiaseletras.com.br
www.ideiaseletras.com.br

Dados Internacionais de Catalogação na Publicação (CIP)
(Câmara Brasileira do Livro, SP, Brasil)

Deuses em guerra e pacto na América Latina Colonial / Maria Cecilia Domezi.
São Paulo-SP: Ideias & Letras, 2015.

Bibliografia.
ISBN 978-85-65893-86-2

1. América Latina - História 2. Cristianismo e outras religiões 3. Pluralismo religioso 4. Sincretismo (Religião) 5. Teologia - América Latina I. Título.

15-03429   CDD-261

Índice para catálogo sistemático:

1. Religiões enraizadas e religiões herdadas: História da América Latina Colonial 261

SUMÁRIO

Introdução: em nome de... qual deus? 7

I. A chegada dos cristãos 15

II. Religiões enraizadas e religiões herdadas 29

III. Esplendor do sol e brilho do ouro? 51

IV. Guerra dos deuses 75

V. Resistência de deuses 99

VI. Um deus em polissemia 125

Referências bibliográficas 151

INTRODUÇÃO: EM NOME DE... QUAL DEUS?

Muita religião, seu moço! Eu cá, não perco ocasião de religião. Aproveito de todas. Bebo água de todo rio...[1]

Olhar a história colonial da América Latina numa perspectiva de guerras e pactos de deuses pode ser um exercício interessante. Mesmo supondo a desconstrução de algumas compreensões às quais ficamos acostumados, como as condicionadas à hegemonia do cristianismo e à ideia de Deus sempre no singular.

O que aqui se propõe é alargar a visão e aguçar a sensibilidade para captarmos, o quanto possível, a polifonia de mentalidades e modos de religião que permeiam o cristianismo estabelecido e também escapam por suas brechas. Nesse sentido, pode ser proveitoso deixarmo-nos interpelar pelas inusitadas e criativas iniciativas dos sujeitos dominados num ambiente de conflito religioso acentuado. Além de preservarem no imaginário dos santos do catolicismo os seus deuses perseguidos, souberam percebê-los em trocas e pactos com o Deus dos cristãos.

Ao mesmo tempo, é importante considerar que a forte presença da religião cristã na América Latina com suas ilhas já ultrapassou meio milênio, desde que foi estabelecida por colonizadores europeus como obrigatória e exclusiva.

A triunfante missão cristianizadora em tempos coloniais e a hegemonia da Igreja Católica mantida por longo tempo neste continente é entendida por importantes segmentos da mesma Igreja como uma espécie de direito adquirido. Com a convicção de que a fé católica penetrou

---

1 ROSA, João Guimarães. *Grande Sertão: Veredas*. 19ª ed. Rio de Janeiro: Nova Fronteira, 2001, p. 32.

no âmago dos povos daqui,[2] entre um sentimento de triunfo cristão e um temor das tendências culturais pós-modernas, esses segmentos têm-se empenhado no sentido de uma reconquista católica.

No entanto, o século XXI pode estar sendo portador não só de novos impasses, mas também de novos horizontes. Por isso, nem uma visão triunfalista, nem um medo das tendências culturais dessa nova época serão suficientes para um acerto de passos pelos caminhos da história.

O atual panorama religioso da América Latina provoca indagações a respeito de resistências, subterfúgios e até mesmo do que se pode chamar de "guerra de deuses". Na verdade, uma guerra travada por pessoas humanas que, ao dominar outras pessoas e povos inteiros, instauraram um cenário e um imaginário de guerra do seu deus contra o deus ou os deuses dos seus dominados.

Num processo de colonização escravista, como o que perdurou por quase quatro séculos, o cristianismo europeu e principalmente ibérico, implantado numa dinâmica de combate às outras religiões, entrou em choque com o mundo religioso de povos "outros", especialmente os nativos deste continente e os africanos trazidos à força. As resistências se deram não só através de confrontos explícitos, mas principalmente em surdina e na clandestinidade. E as adesões se fizeram de variadas formas, principalmente por múltiplas reinterpretações e sincretismos, através das culturas dos segmentos dominados. É nesse terreno que se pode falar de "pacto de deuses".

O campo religioso latino-americano tornou-se assim bastante marcado por pluralidade e aberto a constantes mutações. Aliás, as mutações religiosas aqui já ocorriam muito antes da colonização europeia.

Atualmente, em meio a dinamismos culturais bem vivos, o comportamento religioso das pessoas evidencia que atitudes fundamentalistas e outras velhas formas coexistem com novos jeitos de se viver religião.

---

[2] Esse posicionamento foi expresso pelo episcopado da América Latina na preparação da sua V Conferência Geral, no documento: CELAM. *Rumo à V Conferência do Episcopado da América Latina e do Caribe: documento de participação*. São Paulo: Paulinas/ Paulus, 2005, pp. 9-10. Pode-se ver também o Discurso Inaugural da IV Conferência Geral do CELAM, feito pelo Papa João Paulo II: CELAM. *Santo Domingo: Conclusões. Texto Oficial*. São Paulo: Loyola, Discurso Inaugural do Santo Padre, 1993, n. 24.

Assim, não é de se estranhar, por exemplo, no cotidiano de uma cidade brasileira cosmopolita como é São Paulo, fatos como este:

> *De repente, em meio à aglomeração de passageiros num vagão de metrô, em horário de pico, ergue-se uma voz feminina. A mulher, que é branca, prega e canta impondo-se a todos. Outra mulher, negra, reclama que isso não está certo, pois se deve respeitar a liberdade de escolha dos indivíduos e também a pluralidade religiosa. Porém, muitos se unem em defesa da pregadora, com o argumento inegociável de que "falar de Deus" está acima de qualquer coisa. A discussão está posta, o nervosismo cresce e ficam expostas feridas históricas, como a da discriminação racial. Alguns rapazes, até então calados, tentam intervir pedindo calma, pois a discussão está tomando rumos inesperados. Porém, vozes femininas e masculinas insistem em defender a legitimidade daquela prática. E a lógica começa a aparecer em forma de pergunta: Por que quando pessoas falam palavrões e se portam de um jeito "mundano", outros parecem não se incomodar, mas ousam questionar quem se põe a falar de Deus? Muitos, que se conservaram em silêncio, suspiram aliviados quando o trem para numa estação de maior movimento e abre as portas.[3]*

O que esse fato faz pensar? É possível problematizá-lo de muitas maneiras. Por exemplo, na perspectiva dos conflitos entre visão sacral do mundo e secularização, hegemonia do cristianismo e pluralidade religiosa, monopólio da pregação e livre acesso a ela, ideologia racista e resistências afro-brasileiras. Questões como essas são importantes para a compreensão histórica que aqui se busca, numa perspectiva de refontalização, não só do cristianismo, mas de todas as religiões instituídas, bem como num diálogo inter-religioso que contribua para a justiça social, a paz e a fraternidade entre os povos da terra.

Historicamente, neste continente houve muita violência em nome de Deus. Genocídios e até etnocídios foram praticados por quem falava de Deus. Ocorre que os colonizados e dominados também tinham religião e falavam de divindades, mas os cristãos dominadores viam seus deuses como demônios e seus cultos como práticas demoníacas. Assim, a imposição de religião da parte dos cristãos e as resistências da parte dos não cristãos apareceu como uma guerra de deuses.

---

3   Esse fato foi presenciado pela autora em 2010.

Mircea Eliade, um estudioso do fenômeno religioso de grande e importante produção literária, afirmou que o *homo religiosus,* isto é, a pessoa humana religiosa, em qualquer lugar ou situação em que esteja, sempre acredita que existe uma realidade absoluta, "o sagrado". Esse absoluto, sagrado, divino, misterioso, que muitos chamam "Deus", transcende este mundo, mas se manifesta dentro deste mundo. Manifesta-se totalmente diferente do profano, constitui a essência da experiência religiosa, sacraliza as coisas e a realidade profana.[4]

Pois bem, a experiência do sagrado é vivida pelo ser humano situado no tempo e no espaço, marcado por determinada mentalidade e determinada cultura. Os colonizadores que vieram de Portugal e da Espanha, por exemplo, tinham a sua compreensão e vivência própria do cristianismo.

Eles trouxeram uma herança cristã que vinha de sua longa Idade Média ibérica. Sua maneira de praticar o cristianismo realçava mais as grandes celebrações e os autos da fé do que a pregação dos dogmas. Não só os simples cristãos, mas também boa parte do clero, alcançava a doutrina essencial principalmente na tradição das aldeias e bem pouco na alta dogmática. Assim, eles vieram com devoções piedosas e disciplina; com crenças que consideravam parte da revelação divina e das antigas definições de fé; práticas litúrgicas e sacramentais que entendiam como expressões da conduta do cristão.[5]

Na herança desse cristianismo ibérico também estava uma forma de espiritualidade cristã que vinha da *Devotio Moderna*, um movimento que, desde as últimas décadas do século XII, espalhou-se por toda a Europa cristã. Orientava-se para a interioridade da pessoa humana e a adesão à pessoa de Jesus Cristo. Seu caráter moderno incluía o acesso a todas as pessoas, sem discriminação hierárquica.[6] Mas era vivida também por padres, como pode

---
4 ELIADE, Mircea. *O sagrado e o profano: a essência das religiões*. São Paulo: Martins Fontes, 1995.
5 ESPÍN, Orlando. *A fé do povo: reflexões teológicas sobre o catolicismo popular*. São Paulo: Paulinas, 2000, pp. 187-190.
6 *Devotio:* do latim, devoção. Esse movimento nasceu com a atuação de Geert Grote (1340–1384), nos Países Baixos. Uma expressão privilegiada da *Devotio Moderna* ficou no pequeno livro *Imitação de Cristo*, introduzido em 1430, que segue hoje como o texto mais lido no cristianismo depois da Bíblia. ANTONIAZZI, Alberto & MATOS, Henrique C.J. *Cristianismo: 2000 anos de caminhada*. São Paulo: Paulinas, 1996, pp. 28-29. Ver, por exemplo: KEMPIS, Tomás de.

ser visto na correspondência dos primeiros jesuítas que atuaram no Brasil. Era comum padres beijarem as imagens de santos carregadas pelos beatos e beatas, como também se inscreverem nas confrarias como "irmãos" ou vestirem o hábito da Ordem Terceira de São Francisco ou do Carmo.[7]

Sendo assim, a penetração do cristianismo neste continente se fez não apenas através da pregação ou catequese explícita, mas também por condicionamentos devocionais. Espanhóis e portugueses trouxeram suas devoções e seu imaginário religioso, que entraram na dinâmica cultural enquanto a empresa colonial ia erguendo igrejas, catedrais, conventos e colégios, às custas de muita mão de obra escrava.[8]

Entretanto, esse cristianismo ibérico, já marcado por pluralismo interno, conviveu com outras formas de cristianismo, porque desde o início da época colonial na América Latina chegaram protestantes.

Não faltaram conflitos e confrontos, mas também não faltaram sincretismos, ainda mais porque, nesse pluralismo religioso, estiveram os povos nativos e os africanos escravizados, além de judeus e muçulmanos.

No Brasil do século XVI era praticada uma religiosidade tipicamente colonial que incluía a feitiçaria, também aquela trazida da Europa, como mostram os estudos de Laura de Melo e Souza. Dessa maneira, constituiu-se uma religiosidade multiforme e heterogênea, multifacetada e sincrética, que sendo "branca, negra, indígena, refundiu espiritualidades diversas num todo absolutamente específico e simultaneamente multifacetado".[9]

Na época da República, em todo o continente essa pluralidade religiosa aumentaria ainda mais em número e intensidade, especialmente a partir da imigração, primeiro europeia, depois também asiática e de outras partes do mundo.

Imitação de Cristo. Petrópolis: Vozes, 2012, p. 264, no formato de livro de bolso.
7 HOORNAERT, Eduardo. A Igreja no Brasil, em: DUSSEL, Enrique (Org.) *Historia Liberationis: 500 anos de história da Igreja na América Latina*. São Paulo: Paulinas, 1992, pp. 308-309.
8 HOORNAERT, Eduardo. *História do cristianismo na América Latina e no Caribe*. São Paulo: Paulus, 1994, pp. 162-163.
9 MELO E SOUZA, Laura de. *O diabo e a terra de Santa Cruz: feitiçaria e religiosidade popular no Brasil colonial*. 7ª reimpressão. São Paulo: Companhia das Letras, 1986, pp. 88; 374-375.

É importante dizer que o modo latino-americano de ser religioso forja-se desde uma base de catolicismo obrigatório, mas pulsante em meio à pluralidade de igrejas cristãs, religiões, cosmovisões, movimentos e tendências religiosas de todo tipo.

No século XX, enquanto a população de toda a América Latina multiplicou-se em quase oito vezes, o cristianismo começou a perder aquele monopólio com o qual se havia consolidado.[10] O aumento das outras religiões foi modesto, embora tenham aparecido novas religiões, como o espiritismo kardecista. Atualmente, cresce bastante o número das pessoas sem religião, há uma forte redução de seguidores das religiões indígenas e afro-americanas, e aparece uma nova categoria, a dos evangélicos sem vínculo institucional.[11]

Consequentemente, se na América Latina persiste uma hegemonia do cristianismo, ao menos na prática, isso ocorre junto com um constante processo de mestiçagem e sincretismo cultural que possibilita muitos arranjos, resistências explícitas ou camufladas, ambiguidades e ambivalências.

Ver o panorama religioso atual é importante, para uma retrospectiva ao passado colonial da América Latina. O presente é ponto de partida e de chegada, para buscarmos compreensões e atitudes que se

---

10 No ano de 1900, os cristãos somavam 95,2% de toda a população da América Latina. Cem anos depois, isto é, no ano 2000, passaram a 92,7%. Continuou uma alta predominância de cristãos, mas o cristianismo ficou mais diversificado, pois os católicos, que no ano de 1900 chegavam a 90,1% dos cristãos, cem anos depois passaram a 88,8%. Essa diminuição de católicos, ocorrida principalmente nas últimas décadas, corresponde a um aumento no número de evangélicos de outras denominações cristãs, principalmente pentecostais. O censo de 2000 mostrou que 27% dos cristãos eram pentecostais e carismáticos e que também aumentaram na América Latina as igrejas indígenas independentes. Porém, a diversidade se faz também pela "dupla associação", que é quando cristãos se movem em mais de uma igreja ou comunidade religiosa. Em 2000, os de dupla ou múltipla associação eram 15,4% dos cristãos da América Latina, número alto se comparado aos do restante do mundo, que eram apenas 5,1%. Essa análise do panorama das religiões na América Latina é de Franz Damen, a partir de dados de: BARRETT, D.B.; KURIAN, G.T.; JOHNSON, T.M. *World Cristian Encyclopedia*. 2ª ed. Oxford: Oxford University Press, 2001, 2 Vols. Disponível em: <latinoamericana.org/2003/textos/portugues/Damen.htm>. Acesso em: 9/4/2013.

11 No caso específico do Brasil, dados do IBGE mostraram que em 2009 os católicos eram 68,2% da população, os evangélicos 20,4%, os sem religião 6,7%, os espíritas e kardecistas 1,6% e os de outras religiões 3,1%. Os que se declaravam evangélicos sem vínculo institucional, somando 5,4 milhões de brasileiros, aumentaram em 32% de 2003 a 2009. Cf. IBGE – Pesquisa de Orçamentos Familiares, 2011. Disponível em: <www.portalbrasil.net/religiao.htm>. Acesso em: 9/4/2013.

constituam em resposta aos novos desafios, como o da diminuição de vínculo nas religiões instituídas e tradicionais e o da secularização, que ocorre no mundo todo. Entretanto, a América Latina parece conhecer um processo de secularização *sui generis*, que preserva um forte sentido religioso.

Guimarães Rosa captou esse sentido religioso na alma do povo brasileiro dos sertões de Minas Gerais:

> *Como não ter Deus?! Com Deus existindo, tudo dá esperança: sempre um milagre é possível, o mundo se resolve. Mas, se não tem Deus, há de a gente perdidos no vai-vem, e a vida é burra. É o aberto perigo das grandes e pequenas horas, não se podendo facilitar – é todos contra os acasos. Tendo Deus, é menos grave se descuidar um pouquinho, pois, no fim dá certo. Mas, se não tem Deus, então, a gente não tem licença de coisa nenhuma! Porque existe dor...*[12]

Também é oportuna aqui a reflexão de Rubem Alves, ao afirmar que o discurso religioso está no contexto da ação, mas a ação provém do desejo e o desejo é um sintoma de ausência:

> *Deus é o ainda-não presente, um horizonte, uma esperança, uma estrela sutil que ainda não vimos, nosso segredo de amor, uma criança que está para nascer, uma possibilidade ainda-não realizada, uma sinfonia ainda-não composta. Ele é o nosso mais elevado projeto de ação, o horizonte para o qual nos movemos.*[13]

Com essa sensibilidade, será fascinante entrar no mundo religioso latino-americano e caribenho para aí buscar trajetórias históricas. A indagação acerca dos processos desencadeados terá que se voltar de um modo especial para o século XVI, quando o zelo da missão em seus primeiros tempos conviveu com formas exacerbadas de violência da colonização.

A objetividade científica nos pedirá hermenêutica, problematização e interpretação dos fatos. A fé que porventura professamos nos pedirá autenticidade, refontalização, abertura ao mundo atual, diálogo e parceria com os outros credos. E a ética global das religiões nos fará apelo a

---

12 ROSA, João Guimarães. *Grande Sertão: Veredas...*, op. cit., p. 76.
13 ALVES, Rubem. *O suspiro dos oprimidos*. São Paulo: Paulus, 1999, p. 166.

integrarmos o empenho humanista em favor da justiça social, da fraternidade sem fronteiras e da paz.

Outro cuidado será o de ultrapassar pretensas totalidades, exclusivismos e centralismos, para nos abrirmos à alteridade. Nesse sentido, é preciso considerar que a América Latina tem, pelo menos, três histórias distintas que se entrecruzam: a ameríndia, a europeia e a africana.[14]

Num esforço de horizontalidade na linguagem, a palavra deus (no singular) tanto quanto deuses (no plural) estará em letras minúsculas, reservando-se as maiúsculas para quando Deus for nome próprio dado à divindade.

---
14 HOORNAERT, E. *História do cristianismo...*, *op. cit.*, p. 81.

I – A CHEGADA DOS CRISTÃOS

Esse é o rosto de Katun, o rosto do Katun do 13 Ahau: quebrar-se-á o rosto do sol, cairá quebrando-se sobre os deuses de agora. Cristianizaram-nos, mas nos fazem passar de uns a outros como animais. Deus está ofendido com os chupadores...[15]

A chegada dos ibéricos conquistadores ao continente por eles desconhecido constituiu-se num choque entre dois mundos e desencadeou mudanças radicais. É importante buscarmos a mentalidade, as convicções e práticas com as quais esses cristãos vindos da Europa Ocidental lançaram-se no que entendiam como "conquista espiritual". Veremos que seu projeto de fundação da cristandade colonial esteve na contradição entre abraçar a missão de expandir a fé cristã e sucumbir à febre do ouro.

Uma surpresa que mudou o mundo

Era 12 de outubro de 1492, segundo a contagem de tempo dos cristãos. Cristóvão Colombo chegava às ilhas Bahamas com três caravelas movidas a vela, bem próximo de um continente até então desconhecido pelos navegadores europeus, e que lhes causaria surpresa total.

Foram dois meses e nove dias de viagem, desde que as caravelas capitaneadas por esse último mercador do Mediterrâneo zarparam em Andaluzia, na Espanha, com cerca de noventa pessoas. Colombo vinha sem militares e sem padres, mas com apoio dos burgueses e dos

---

[15] Testemunho do maia Chilam Balam de Chumayel. *Apud* LEÓN-PORTILLA, Miguel. *A conquista da América Latina vista pelos índios: Relatos astecas, maias e incas.* 3ª ed. Petrópolis: Vozes, 1987, p. 60.

banqueiros de Sevilha.[16] Obstinado em chegar ao Extremo Oriente pela costa ocidental e assim inaugurar uma rota comercial mais fácil e mais rápida, acreditou que as ilhas por ele descobertas pertencessem à China ou ao Japão. Nas quatro viagens que empreendeu entre 1492 e 1504, permaneceu convicto de estar perto de alcançar as "Índias Ocidentais". Assim, chamou de "índios" os nativos que encontrou, apelido genérico que se estenderia a todos os habitantes do continente que chamamos de América.[17]

O mérito de chegar à Índia traçando o novo caminho marítimo para o Oriente acabou ficando com o português Vasco da Gama que, em 1498, chegou a Calcutá, depois de contornar o cabo da Boa Esperança ao sul da África. E quem levou as glórias de descobrir que se tratava de um continente "novo" e de lhe dar seu nome, foi Américo Vespúcio, outro navegador e cronista italiano de Florença, naturalizado espanhol, que escreveu numa carta, em julho de 1500: "Depois de termos navegado cerca de 400 léguas continuamente pela costa concluímos que essa era terra firme: é confins da Ásia pela região do Oriente, e o princípio, pela região do Ocidente".[18]

Entretanto, foi a chegada de Colombo que desencadeou tudo. Ocorria um encontro, ou melhor, um choque entre dois mundos que até então se desconheciam, e isso transformaria a face da terra. Era a chegada da religião cristã, trazida pela civilização europeia ocidental.[19] Das Antilhas, o cristianismo se difundiria para todo o continente, por um sistema econômico-social mercantilista, agrário e medieval. E os cristãos conquistadores, com sua superioridade militar, provocavam um violento choque cultural e mudanças radicais, com drásticas consequências para os povos ameríndios.[20]

---

16 DUSSEL, Enrique. *Historia General de la Iglesia en America Latina.* Tomo 1/1: Introducción general a la Historia de la Iglesia en America Latina. Salamanca, España: Ediciones Sigueme/ Cehila, 1983, pp. 214-215.
17 HOORNAERT, E. *História do cristianismo..., op. cit.*, pp. 29-31.
18 VESPÚCIO, A. *Novo Mundo: cartas de viagens e descobertas.* Porto Alegre: L&PM, 1984, p. 57.
19 BIDEGÁIN, Ana Maria. *História dos cristãos na América Latina.* T.I. Petrópolis: Vozes, 1993, p. 34.
20 RODRÍGUEZ LEÓN, Mário A. A Invasão e a evangelização na América Latina (século XVI), em: DUSSEL, E. (Org.) *Historia Liberationis..., op. cit.*, pp. 69-70.

A superioridade bélica desses europeus recém-chegados, porém, não os poupou de uma forte surpresa e quase alucinação. Sua imaginação, alimentada pelas imagens fantásticas das lendas de Marco Polo,[21] lhes dizia que as terras do "fim do mundo" eram habitadas pelos "monstros dos limites". Porém, encontraram seres humanos que estavam longe de parecerem monstros, como já haviam constatado nas Canárias e noutros lugares ao largo da África, desde 1341. Mas, como rotular esses habitantes desconhecidos, sendo que uma parte de suas mentes continuava instigada por desafios e paixões? Se fossem bestiais poderiam ser escravizados sem mais delongas; se benévolos, poderiam ser súditos do rei espanhol e depois cristãos; se não se submetessem com docilidade, era o caso de escravizá-los e batizá-los para salvar-lhes a alma. Contudo, o que acabou lhes falando mais alto foi a febre do ouro.[22]

Não há como duvidarmos da extrema coragem desses exploradores, enfrentando a precariedade das viagens marítimas naquele final do século XV e o medo do desconhecido. Presos em sua cosmovisão eurocêntrica, categorizavam como anormal e monstruoso tudo o que diferia do mundo europeu. O franciscano francês André Thevet, para citarmos um caso, assim descreveu as populações nativas que viu:

> Uma é dos anões, de estatura tão pequena, que parecem afronta dos homens, chamados Goiaiazis. Outra é de casta de gente que nasce com os pés às avessas; de maneira que quem houver de seguir seu caminho, há de andar ao revés do que vão mostrando as picadas; chamam-se estes Matuiús. Outra nação é dos homens gigantes, de 16 palmos de alto, valentíssimos, adornados de pedaços de ouro por beiços e narizes, aos quais todas as outras pagam respeito; têm por nome Curinqueans. Finalmente, há outra

---

21 Marco Polo (1254–1324), de Veneza, foi um mercador, explorador e embaixador. Seu relato detalhado de viagem na "Rota da Seda" pelo Oriente, incluindo a China, permaneceu por muito tempo para os ocidentais como uma das poucas fontes de informação sobre a Ásia. Pode-se consultar: MITCHEL, J. Leslie. *Os grandes exploradores: a sua vida e as suas realizações.* (tradução de Brenno Silveira). São Paulo: Editora Boa Leitura S.A., (Coleção A Conquista do Mundo, vol. 4, pp. 42-74).
22 ABULAFIA, David. *The Discovery of Mankind: Atlantic Encounters in the Age of Columbus.* New Haven: Yale University Press, 2008. Nessa obra, o historiador Abulafia tomou como principal fonte o Diário de Cristóvão Colombo, objetivando compreender a mentalidade dos europeus, estupefatos diante do Novo Mundo que acabavam de descobrir.

> *nação de mulheres também monstruosas no modo de viver [...] porque são mulheres guerreiras que vivem por si sós, sem comércio de homens.*[23]

Os povos diferentes eram vistos como descendentes de povos do velho mundo europeu. Seriam como os israelitas ou fenícios, gregos ou citas, hindus ou tártaros, que se teriam dispersado. Por isso, o "Novo Mundo", inexperiente e jovem, selvagem e pagão, tinha que ser conduzido à maturidade do "velho mundo" europeu, com sua civilização e fé.[24] Com isso, os interesses econômicos de exploração e depredação do mundo natural de fora da Europa coadunavam-se com a concepção de ordem do "velho mundo" em contraste com a desordem permanente dos demais territórios.[25]

Contudo, é preciso admitir que Thevet foi um dos primeiros a afirmar a necessidade de revisão da antiga cosmologia de pensadores clássicos, como Aristóteles, que vigorou na Europa Medieval. A terra era entendida como dividida em cinco partes; em três dessas partes seria totalmente impossível a vida humana, devido ao clima tórrido e ao inverno rigoroso. E a realidade do Brasil desmentia essa concepção, pois era habitável e gozava de um clima saudável.[26]

Seja como for, de um modo geral os colonizadores se empenharam em assimilar as pessoas diferentes ao seu modo de ser, obrigando-as a falar, vestir-se e viver como eles. Porém, ao mesmo tempo as tratavam como diferentes, por isso pretendiam "humanizá-las" sujeitando-as a si.[27]

---

23 THEVET, André. *As singularidades da França Antártica*. Belo Horizonte: Itatiaia, 1978, p. 15. Em 1575 Thevet publicou: *La Cosmographie Universelle d'André Thevet, Cosmographe de Roy,* obra em 4 tomos, ilustrada com 228 gravuras. Thevet era cosmógrafo e escritor da "França Antártica" no Brasil. A descrição citada ele escreveu em suas viagens entre novembro de 1555 e janeiro de 1556.
24 HOORNAERT, E. *História do cristianismo...*, op. cit., p. 33.
25 AZZI, Riolando. *Razão e fé: o discurso da dominação colonial*. São Paulo: Paulinas, 2001, p. 36.
26 AZZI, R. *Razão e fé...*, op. cit., pp. 37-40. THEVET, *As singularidades...*, op. cit., p. 71.
27 DURÁN ESTRAGÓ, Margarita. As reduções, em: DUSSEL, E. (Org.) *Historia Liberationis...*, p. 514.

Para cumprir missão religiosa

Os ibéricos, como os europeus em geral, viviam uma fase de ousada expansão e grandes transformações. Já desagregado o sistema feudal, eram os Estados nacionais que se afirmavam política e juridicamente, enquanto crescia o poder dos reis. E a Igreja Cristã, acostumada à ideia do império católico universal, tinha que regulamentar suas atribuições e poderes dentro dos diversos Estados modernos e adequar-se à hegemonia das nações conquistadoras. Essas, ao assimilar povos e territórios, os obrigavam a submeter-se à sua vontade, cultura e religião.[28] E o exclusivismo cristão fazia aprofundar-se a intolerância religiosa.

Portugal já havia sido mais tolerante. Durante um longo tempo havia atraído judeus, que se concentraram principalmente em Lisboa, onde mantinham uma intensa atividade intelectual e cultural. Isso ocorria especialmente num bairro judeu que ficou conhecido como *Judiária*. Ali, os judeus eram bastante requisitados para o comércio, a navegação e a cartografia. Em Portugal, os judeus ora sofreram perseguição e expulsão, ora encontraram proteção, mas sempre influenciaram a vida dos portugueses.[29]

Já a Espanha foi implacável na perseguição aos judeus e também aos muçulmanos, principalmente desde que ali se instalou o Tribunal do Santo Ofício, em 1481. A perseguição aos judeus intensificou-se a partir do decreto de sua expulsão, assinado pelos reis católicos Fernando e Isabel, a 31 de março de 1492. Cerca de 120 mil judeus refugiaram-se em Portugal, somando-se a outros milhares que já estavam lá. Porém, a situação mudou em Portugal quando seu rei Dom Manoel I casou-se com Isabel, filha dos reis da Espanha, e as leis espanholas se estenderam a Portugal.[30]

---

28 BIDEGÁIN, A.M. *História dos cristãos...*, op. cit., pp. 15-28.
29 DREHER, Martin N. *A igreja latino-americana no contexto mundial*. São Leopoldo: Sinodal, 1999, pp. 26-38.
30 MIELE, Neide. Velhos "cristãos novos" no sertão paraibano, em: *Revista Lusófona de Ciência das Religiões*. Ano 7, n. 13/14, 2008, pp. 541-542. A instalação do Tribunal do Santo Ofício foi pedida ao Papa pela Espanha em 1478. Fez-se a instalação em Sevilha no ano de 1481 e em Barcelona no de 1487. O inquisidor geral era o frei Tomaz de Torquemada.

Portugal, a princípio, não quis expulsar os judeus, que ali detinham uma significativa força econômica. Preferiu forçá-los a se converterem à fé católica. Assim, em 1497, mais de 190 mil judeus foram batizados e chamados de "cristãos novos", para que se diferenciassem dos "cristãos velhos". Porém, Dom Manuel II, o Venturoso, ordenou que todos os judeus abandonassem Portugal até o final de outubro daquele ano. A Judiária foi incendiada e eles, sob muita violência, foram forçados a passar para o cristianismo. Os que mantiveram sua antiga fé às ocultas foram chamados *marranos*, no sentido de imundos.[31]

Desde 1500, milhares de judeus foram exilados de Portugal para o Brasil. Vinham para cumprir pena de desterro, ou fugiam da perseguição inquisitorial, mas aqui eram obrigados a viver como cristãos novos. Alguns deles ficaram famosos, como o capitão-mor da esquadra de Cabral, Gaspar Lemos, cujo nome judeu era Elias Lipner; também Fernando de Noronha e João Ramalho.[32]

Em contraposição se colocava uma pretensa "pureza de sangue" dos cristãos ibéricos. Logo mais, em 1502, eles expulsariam os mouros. Os reis católicos, com a particularidade de continuar fortemente guiados pela mentalidade cristã, impunham sua unidade político-religiosa sob o símbolo da cruz cristã.[33] Confirma isso o que Colombo escreveu em seu livro de bordo, ao passar pela ilha das Cascas de Tartaruga, na costa norte do que veio a ser o Haiti:

> *Desci então à terra e levantei uma grande cruz, à entrada do porto, numa elevação situada a oeste e bem visível, para fazer saber que essa terra pertence à Vossa Alteza, e na verdade, no sinal de Jesus Cristo, nosso Senhor, e para a honra de toda a Cristandade.*[34]

---

31 DREHER, M.N. *A igreja latino-americana...*, pp. 26-38. "Marranos", no sentido da língua hebraica, são os forçados à amargura, como entende MIELE. Velhos "cristãos novos"..., *op. cit.*, pp. 541-542.

32 Portugal obteve de Roma a indicação de um inquisidor oficial em 1531. Em 1540 promulgou o seu primeiro Auto-de-Fé e, a partir de então, o Brasil passou a ser terra de exílio. MIELE, N. Velhos "cristãos novos"..., *op. cit.*, pp. 542-543.

33 MEIER, Johannes. A organização da igreja, em: DUSSEL, E. (Org.) *Historia Liberationis...*, p. 89.

34 Observação escrita por Cristóvão Colombo em seu livro de bordo, na quarta-feira, 12 de dezembro de 1492. KOLUMBUS, Cristoph. *Bordbuch – Briefe – Berichte – Dokumente*, ed.

Espanha e Portugal partiam da convicção de que o Papa era o detentor do poder das chaves, ou seja, tinha domínio absoluto sobre todo o orbe terrestre e seus habitantes. E o Papa Alexandre VI, um espanhol da família de Borgia, no papel de administrador legítimo do mundo por direito divino confirmou para os reis da Espanha a posse das terras descobertas por Colombo, em cinco bulas papais, no ano de 1493. Dele, os soberanos das duas nações receberam o privilégio de serem os administradores plenipotenciários dos "territórios de Deus", para neles implantarem e expandirem a cristandade. Tratava-se de missão, como claramente expressaram suas bulas.[35]

Essas nações foram escolhidas por terem comprovado especial fidelidade à Igreja, empreendendo lutas contínuas contra os não cristãos, principalmente os árabes muçulmanos, chamados mouros, que se haviam estabelecido na Península Ibérica desde o século VIII.

Aliás, foi só depois de expulsar os mouros de seu território que a Espanha começou suas viagens marítimas de expansão. Portugal havia-se lançado primeiro "por mares nunca dantes navegados",[36] começando suas conquistas por Ceuta em 1415. Depois continuou pelo litoral africano e pelas ilhas da Madeira, Açores, Cabo Verde e Cabo Bojador. Mas, a chegada de Colombo às Antilhas na convicção da descoberta de uma nova rota para as Índias não perturbou o monarca português Dom João II, ciente de que a rota da Espanha ia pelo noroeste, enquanto os lusitanos tocavam a do Atlântico Sudeste, conforme o Tratado de Tordesilhas.[37]

---

por JACOB, Ernst G. Sammlung Dietrich 127, Bremen, 1957, p. 133. Em português temos, por exemplo: COLOMBO, Cristóvão. *Diários da descoberta da América: as quatro viagens e o testamento*. Porto Alegre: L&PM, 1998, p. 200, il. mapas.
35 MEIER, J. A organização da igreja, *op. cit.*, p. 89. Os quatro documentos papais de 1493 são: a bula *Inter Caetera*; a bula *Piis Fidelium;* o breve *Eximiae Devotionis Sinceritas;* a bula *Dudum si Quidem Omnes*, em: FERNÁNDEZ, Manuel Giménez. Nuevas Consideraciones sobre la Historia y el Sentido de las Letras Alejandrinas de 1493 Referentes a las Indias, em: *Anuario de Estudios Americanos I*, 1944. Em 1494 Portugal e Espanha fizeram o Tratado das Tordesilhas, que dividia as terras novas por uma linha imaginária a 370 léguas de Cabo Verde, estabelecendo o domínio português para as da parte leste e o espanhol para as da parte oeste.
36 CAMÕES, Luiz de. *Os Lusíadas*. (Edição escolar comentada pelo prof. Otoniel Mota). 5ª ed. São Paulo: Melhoramentos, s/d. A expressão citada é o 3º verso da 1ª estrofe.
37 BIDEGÁIN, A.M. *História dos cristãos...*, *op. cit.*, pp. 43-44.

Na verdade, à metrópole portuguesa interessavam mais os ricos territórios do Extremo Oriente, que lhe rendiam especiarias, pedras preciosas, sedas e porcelanas exóticas. A versão oficial da chegada das caravelas de Pedro Álvares Cabral foi a de que os ventos as desviaram da costa da África, impelindo-as muito longe para o oeste, e com isso, "milagrosamente", Cabral teria "descoberto" a nova terra. Porém, é bem mais provável que esse capitão tenha recebido a missão secreta de desviar para o oeste na altura de Cabo Verde. Assim, a 22 de abril de 1500, Portugal descobriu, política e oficialmente, as terras do Brasil.[38]

A conquista, como missão de expandir a fé cristã, contava com algumas concepções religiosas *sui generis* dos ibéricos, enraizadas em seu modo de ser cristãos, como as da escolha divina e da terra prometida. Essa é a interpretação de Riolando Azzi.[39]

Os espanhóis, numa convicção de semelhança com o povo judeu, desenvolveram tradições e mitos de ação divina a seu favor e até de milagre das águas. Numa proximidade com o imperador Constantino, relatavam sua versão do milagre da cruz. E, desde que começaram a reação contra os mouros em 728, com o rei Pelaio, elaboraram a interpretação de dois eventos como ação divina a favor dos reis católicos.

Um era o dos cristãos refugiados na Cova Donga, após invocarem a Virgem Maria. Ali teriam recebido uma força sobrenatural que dizimou e dispersou os mouros. O outro, o dos mouros refugiados no Monte Ussena, de onde teriam sido misteriosamente atirados no rio, sepultados pelas águas. Assim, Pelaio era apresentado como um novo Moisés que conduzia o povo à conquista da terra e como um Constantino redivivo, escolhido por Deus para proteger a cristandade.

Além disso, durante o reinado de Dom Ramiro, os espanhóis passaram a acreditar que o apóstolo São Tiago lhes dava uma proteção especial e fazia prodígios para favorecê-los. Foi dessa maneira que o culto a *Santiago* enraizou-se numa afirmação nacionalista. Mais que isso, o

---

38 BASTIDE, Roger. *Brasil: Terra de contrastes*. 4ª ed. São Paulo: Difusão Europeia do Livro, 1971, p. 19. BIDEGÁIN, A.M. *História dos cristãos..., op. cit.*, pp. 43-44.
39 AZZI, Riolando. *A teologia católica na formação da sociedade colonial brasileira*. Petrópolis: Vozes, 2004, cap. 2.

combate aos mouros tornou-se uma das marcas da identidade espanhola.

Por sua vez, os portugueses tinham a convicção de que a sua monarquia era de fundação divina. O monarca "dado por Deus" foi principalmente Dom Sebastião, profundamente glorificado pela tradição até tornar-se uma figura mítica. O poder do rei lusitano não necessitava de ratificação humana, por ser ele eleito de Deus e seu representante na Terra. Desde Dom Afonso Henriques, que fundou o reino lusitano no século XII, a figura do rei foi sacralizada, inclusive com lendas de aparições sobrenaturais, passagens bíblicas e especial proteção da Mãe de Deus. Os cronistas foram acrescentando um sentido nacionalista.[40]

Foi com uma forte concepção messiânica que os portugueses lançaram-se na missão político-religiosa de expansão da fé e do reino de Cristo, ao mesmo tempo em que revestiram de caráter sacral toda a sua sociedade. Dom João IV, o restaurador da monarquia lusitana, foi apresentado pelo jesuíta Antônio Vieira como o rei Dom Sebastião redivivo, um milagre e graça especial divina. No entanto, a expectativa messiânica não estava somente nos reis; ela se estendia a todo o povo lusitano, que se entendia escolhido e predestinado por Deus a ser o novo povo eleito, dinastia sagrada. Essa ideia de messianismo português acentuou-se nos séculos XVI e XVII.[41]

Conquista "espiritual"

"Esse termo ou nome conquista para todas as terras e reinos das índias descobertas e por descobrir é um termo e vocábulo tirânico, maomético, abusivo, impróprio e infernal", afirmaria logo o frade dominicano Bartolomeu de Las Casas.[42]

---

[40] O rei Dom Sebastião partiu para uma expedição militar na África a fim de conter a ameaça do poderio árabe. O Papa Gregório XIII concedeu-lhe a bula da cruzada. Dom Sebastião morreu na batalha de Alcer-Quibir, em 4 de agosto de 1578. AZZI, R. *A teologia católica...*, *op. cit.*, pp. 15-19.
[41] AZZI, R. *A teologia católica...*, *op. cit.*, pp. 19-27.
[42] "Memorial de Remédios", de Bartolomé de Las Casas, Monzón (Espanha), 1542, em: SUESS, Paulo (Org.) *A conquista espiritual da América Espanhola: 200 documentos* – século XVI. Petrópolis: Vozes, 1992, p. 520.

Porém, a mentalidade da "conquista espiritual" vinha desde as Cruzadas e se estendia à tarefa dos missionários. A missão era abraçada como cruzada em terras longínquas, conquista de territórios ocupados por inimigos da fé e libertação de almas presas nas garras do demônio.[43]

Foi nessa mentalidade que se moldou, ao longo de sete séculos de guerra de reconquista, uma forma específica de religião cristã, justamente a que foi implantada na América Latina. Era um cristianismo ocidental e ibérico, pouco romano, anterior às polêmicas antiprotestantes e ao Concílio de Trento, perpassado de nacionalismo e com traços contraditórios entre tolerância e crueldade.[44]

O projeto missionário se inseria num projeto maior, o da fundação da cristandade colonial. Clérigos e leigos, todos tinham a obrigação de assumir esse projeto religioso da Metrópole. A um só tempo se oficializava a expansão da cristandade e a conquista das novas terras como propriedade dos reinos ibéricos.

A preocupação espiritual, a da salvação das almas, tinha vínculos estruturais com os interesses políticos e econômicos dos monarcas colonizadores que, por força da concessão do Padroado Régio, eram incumbidos de gerenciar a implantação da fé. Como patronos da Igreja e verdadeiros chefes religiosos, esses reis declaravam guerra aos chamados gentios. Para os dominados, recusar essa dominação política e religiosa significava serem combatidos e eliminados como inimigos da fé e do império. E essa guerra era legitimada pela própria igreja institucional como uma violência "santa" ou "justa". É o que escreveu o padre jesuíta Manuel da Nóbrega:

> *Sujeitando-se o gentio, cessarão muitas maneiras de haver escravos mal havidos e muitos escrúpulos, porque terão os homens escravos legítimos, tomados em guerra justa, e terão serviço e vassalagem dos índios, e a terra se povoará, e Nosso Senhor ganhará muitas almas, e S.A. terá muita renda nessa terra, porque*

---

43 SUESS, P. *A conquista espiritual*..., *op. cit.*, p. 15. O termo "conquista espiritual" era comum no século XVI, mas ainda no século seguinte aparece, por exemplo, como título da obra de Antonio Ruiz de Montoya, de 1639: *Conquista espiritual feita pelos religiosos da Companhia de Jesus nas províncias do Paraguai, Paraná, Uruguai e Tape*. Porto Alegre: Martins Livreiro, 1985.
44 ESPÍN, O. *A fé do povo*..., *op. cit.*, pp. 187-190.

haverá muitas criações e muitos engenhos, já que não há muito ouro e prata.[45]

Os primeiros tempos dessa cristianização na América Latina, até aproximadamente 1550, foram marcados por um violento choque cultural entre o mundo europeu e as sociedades e civilizações ameríndias, que ocasionou uma profunda mudança e trouxe consequências drásticas para a história dos povos daqui. Esses, em muitas ocasiões, rebelaram-se contra os conquistadores e foram esmagados por sua superioridade militar.[46]

Entretanto, o poder colonial foi especialmente desafiado quando os nativos se puseram em resistência através da religião, apropriando-se de elementos do catolicismo e os ressignificando dentro de seus tradicionais cultos. Era um sincretismo de resistência contra a colonização e a escravidão, como ocorreu no Brasil com os povos do tronco tupi-guarani, já no século XVI.

À chegada dos portugueses, os tupis ocupavam a região costeira do Atlântico, desde a foz do rio Amazonas até o sul da região que viria a ser a província de São Paulo, atualmente Cananeia. Em migrações ainda recentes, eles provinham de um centro comum de origem no interior e já haviam invadido a costa, obrigando as populações locais do tronco jê, chamados tapuias, a se retirarem para a floresta.[47]

Foi nessa mesma faixa litorânea que os portugueses se estabeleceram. Passaram a erigir engenhos de açúcar, principalmente nas capitanias de Pernambuco e Bahia, praticando uma cruel escravização de nativos. Muitos dos tupis passavam a reagir, animados por suas crenças e ritos tradicionais. Não foram poucas as vezes em que aprisionaram seus dominadores, e comeram de sua carne em cerimônias antropofágicas, a fim de reporem os parentes das tribos tragados pelo colonialismo.[48]

---

45 LEITE, Serafim. *História da companhia de Jesus no Brasil.* T. II. Lisboa: Livraria Portugália; Rio de Janeiro: Civilização Brasileira, 1938, pp. 116-117.
46 RODRÍGUEZ LEÓN, M.A. A invasão e a evangelização..., *op. cit.*, pp. 69-70.
47 LANTERNARI, Vittorio. *As religiões dos oprimidos: Um estudo dos modernos cultos messiânicos.* São Paulo: Perspectiva, 1974, p. 190.
48 VAINFAS, Ronaldo. Deus contra Palmares: representações senhoriais e ideias jesuíticas,

Destacou-se a resistência dos tupinambás, na forma de um ritual de sincretismo ameríndio-católico, que os jesuítas chamaram de "a santidade", embora considerando-a falsa santidade. Essa "santidade" fez tremer o Recôncavo Baiano, também porque daí derivaram muitos movimentos de resistência dos nativos, inclusive guerras, migrações e levantes ao longo do século XVII. Através desse ritual, os *caraíbas,* pajés especiais, entravam em contato com os ancestrais, encarnando-os às vezes, e exortavam o grupo a partir para a guerra contra os brancos e a buscar a "terra sem mal",[49] um lugar mítico de abundância onde "o milho cresce sozinho e a flecha se dirige à caça automaticamente".[50]

O foco principal estava na Bahia, no início da década de 1580. Seu líder era um tupinambá do aldeamento de Tinharé, que havia passado pelas mãos dos jesuítas. Como *pajé-açu*, ou caraíba, esse xamã dizia encarnar Tamandaré, o ancestral maior dos tupinambás. Também dizia ser o Papa da verdadeira Igreja. Seus adeptos incendiavam engenhos e aldeamentos jesuíticos, prometiam iminente alforria na "terra sem mal", enquanto os portugueses seriam por eles escravizados e mortos. Os senhores da capitania, bem como jesuítas e governadores, entraram num combate violento. Os nativos foram castigados e reescravizados.[51]

Resistências assim expunham a ambiguidade da "conquista espiritual". De fato, prevaleceu uma contradição entre a genuína motivação de evangelizar e os interesses econômicos, entre a sacralização da terra e a sua exploração. Isso ficou claro no *Parecer de Yucay*, de 1571: "... se não há ouro, não há Deus nas Índias". O autor desse documento não o assinou, mas sabe-se que é o dominicano Garcia de Toledo, primo do então vice-rei do Peru. Como uma teologia às avessas, seu discurso ali diz que o ouro, tornado verdadeiro mediador da presença de Deus nas

---

em: REIS, João José & GOMES, Flávio dos Santos (Org.s) *Liberdade por um fio: história dos quilombos no Brasil.* São Paulo: Companhia das Letras, 1996, p. 61.
49 VAINFAS, R. *Deus contra Palmares...*, *op. cit.*, pp. 61-62 e nota 3, p. 79.
50 CLASTRES, Hélène. *A terra sem mal.* São Paulo: Brasiliense, 1978. A obra baseia-se em pesquisas realizadas pela autora entre esses povos em diversas regiões do continente, entre 1963 e 1975.
51 CLASTRES, H. *A terra sem mal...*, *op. cit.* Para saber mais a respeito desses cultos da "santidade", pode-se ler a obra de Ronaldo Vainfas: *A heresia dos índios: Catolicismo e rebeldia no Brasil colonial.* São Paulo: Companhia das Letras, 1995.

"Índias Ocidentais", era indispensável para que os "índios" recebessem a fé e se salvassem.[52]

Assim amarrada ao afã de colonizar e lucrar bens materiais, a cristianização dos que eram vistos como bárbaros e selvagens era uma guerra contra tudo o que, na civilização dos colonizadores, era considerado vício, como a nudez, as pinturas e plumas para adornar o corpo, o cabelo longo, a poligamia, o xamanismo, a coabitação, a embriaguez.[53]

Dessa forma, o cristianismo colonial resultava como a expressão de um trabalho civilizatório que emancipava os nativos através da repressão. Os colonizadores entendiam que os emancipavam da fatalidade do destino, da programação biológica, da desordem, de sua natureza não redimida. Também de sua religião natural, a ser combatida como obra do "pai da mentira", que é "homicida".[54]

Pode-se acrescentar ainda a interpretação de Delumeau a respeito do medo. Na Europa, muitos homens de poder e posses, inclusive homens do clero, viviam sob o medo de que eclodissem rebeliões e motins da parte dos espoliados, mendigos, vagabundos e salteadores. Temiam-se "as iras, furores e sedições dos povos".[55]

Ora, na América Latina colonial o quadro era parecido e ainda tinha agravantes. A minoria dos brancos dominadores, cercada de enormes contingentes de pessoas subjugadas, vivia apavorada frente à possibilidade de levantes, principalmente da massa de africanos escravizados, postos por eles numa situação-limite.[56]

O medo era inerente à perpetuação dos percursos do colonialismo mercantil. No caso de Portugal, especialmente, era impossível navegar por mares tão distantes e percorrer terras tão imensas sem medo do

---

52 GUTIÉRREZ, Gustavo. *Deus ou o ouro nas Índias (século XVI)*. São Paulo: Paulinas, 1993, pp. 52; 113-126.
53 DURÁN ESTRAGÓ, M. As reduções..., *op. cit.*, p. 514.
54 SUESS, Paulo. A catequese nos primórdios do Brasil: Piratininga revisitado, em: VV.AA. *Conversão dos cativos: Povos indígenas e missão jesuítica*. São Bernardo do Campo: Nhanduti Editora, 2009, p. 15. O autor cita NÓBREGA, Manuel da. *Cartas do Brasil*. Belo Horizonte: Itatiaia; São Paulo: Edusp, 1988, (Cartas Jesuíticas, 1), p. 97.
55 DELUMEAU, Jean. *História do medo no Ocidente (1300-1800)*. São Paulo: Companhia das Letras, 1989, p. 198.
56 VAINFAS, Ronaldo. *Deus contra Palmares...*, *op. cit.*, pp. 60-61.

confronto com comerciantes de nações rivais. Assim, por medo se estabeleceu o exclusivismo religioso. O catolicismo era religião obrigatória porque protestantismo significava adesão à Holanda ou à Inglaterra; judaísmo significava aliança com comerciantes do norte; cultos ancestrais, dos nativos e dos africanos, chamados de "feitiçaria", significavam rejeição do sistema colonial.[57]

---

57 HOORNAERT, Eduardo. Cristandade e igreja perseguida, em: VV.AA. *História da igreja no Brasil: Ensaio e interpretação a partir do povo*. Primeira Época. 4ª ed. Petrópolis: Vozes; São Paulo: Paulinas, 1992, pp. 407-408.

II – RELIGIÕES ENRAIZADAS E RELIGIÕES HERDADAS

> *Vós dissestes que nós não conhecíamos o Dono do perto e do junto, aquele de quem são o céu, a terra. Tendes dito que não são verdadeiros deuses os nossos. Nova palavra é esta que falais e por ela estamos perturbados, por ela estamos espantados...*[58]

O continente que os colonizadores chamaram primeiro de Índias Ocidentais ficou denominado América Latina. É um nome insuficiente para expressar a diversidade dos seus povos, o colorido de suas culturas nativas e seus centros civilizatórios. Também não dá conta de expressar a realidade das muitas etnias trazidas da África, nem o que deriva da abundante mestiçagem, inclusive por processos violentos. É então importante reconhecer religiões que já estavam enraizadas nas culturas nativas, e religiões que se tornaram advindas com a colonização.

Abya Yala

Já em 1507 o nome América apareceu no mapa do cartógrafo Martin Waldseemüller e assim se consagrou, em homenagem ao navegador e cronista genovês Américo Vespúcio.[59] Entretanto, a América foi adjetivada de "Latina" pelas universidades francesas da época de Napoleão, num clima de certo preconceito e inferiorização da latinidade em relação às etnias anglo-saxônicas.

---

58   Palavras dos representantes religiosos astecas aos frades franciscanos. Do Colóquio dos Doze, em: SUESS, P. (Org.) *A conquista espiritual...*, *op. cit.*, p. 450.
59   HOORNAERT, E. *História do cristianismo...*, *op. cit.*, p. 29.

O nome "ameríndia" foi adotado por diversos autores do século XIX, como é o caso de José de Alencar, em seus romances *Iracema* e *O Guarani*. No entanto, também seria justo chamar esse continente de *Afroamérica*, considerando-se o imenso contingente de africanos aqui escravizados.

Contudo, outro é o nome dado pela etnia kuna, do Panamá e da Colômbia. Já antes da chegada dos colonizadores, os kunas chamavam a esse imenso território de *Abya Yala*. Ao que parece, outros povos, como os antigos maias, também adotaram esse nome. Atualmente, diferentes representantes de etnias indígenas insistem na utilização do nome *Abya Yala* no sentido de "Terra Madura", "Terra Viva", "Terra de Sangue", ou ainda "Terra em Florescimento". O mito da *Abya Yala* traz o significado de território salvo, preferido, querido por Paba e Nana (Papai e Mamãe). A cultura kuna sustenta que a terra já passou por quatro etapas históricas, sendo que cada etapa corresponde a um nome distinto: *Kualagun Yala, Tagargun Yala, Tingua Yala, Abia Yala*.[60]

Portanto, o nome traduz um sentido dado pela religião, ou pela mentalidade mítico-religiosa de comunidades que aqui viveram há milhares de anos.

Mas, a religião está presente também no processo migratório que resultou no povoamento. Há muitos milênios, grupos humanos se punham em migração na direção do Oriente, buscando a morada do sol nascente. Fascinante e inatingível, esse ponto de referência na história da humanidade também esteve entre os povos primordiais da América Latina.[61]

E a marcha rumo ao sol foi continuada na sucessão das épocas. É o caso das culturas não urbanizadas dos povos do tronco tupi-guarani,

---

[60] A respeito da *Abya Yala* pode-se ler: WAGA, Aiban (Ed.) *Así lo Vi y así me lo Contaron. Recopilación y Traducción de Aiban Waga del Testimonio del Saila Dummad Inakeliginia*. Congreso General de la Cultura, Kuna Yala, Panamá, 1997. PORTO-GONÇALVES, Walter. Entre América e Abya Yala – tensões de territorialidades, em: *Revista Desenvolvimento e Meio Ambiente*, n. 20, julho/dezembro de 2009, pp. 25-30, Editora UFPR. LÓPEZ HERNANDEZ, Migue Angel (Malohe). *Encuentros en los Senderos de Abya Yala*. Quito, Ecuador: Ediciones Abya Yala, 2004, p. 4. TONETO, Bernardete. *Lendas da América Latina: E de Abya Yala surge a vida*. Editora Salesiana, 2010.
[61] HOORNAERT, E. *História do cristianismo...op. cit.*, pp. 59-61.

como vimos. Esses povos fizeram impressionantes andanças, religiosamente, por rotas imensas. Suas sucessivas ondas migratórias para o Oriente, com a liderança de xamás e profetas e com o referencial dos seus mitos religiosos, sempre foram com o objetivo de encontrar a terra sem males, terra da imortalidade, da abundância e do perfeito repouso.[62]

Mas, como e quando grupos humanos em migração começaram o povoamento do continente em questão?

Por bastante tempo prevaleceu entre os arqueólogos a opinião de que a chegada do *Homo sapiens* à América seria recente, há não mais que 5 mil anos. Porém, em 1917 foi descoberto um esqueleto de bisão com marca de lança de pedra cravada nos ossos, datado de pelo menos 10 mil anos. Novas descobertas foram possíveis, a partir dos cerca de 500 sítios arqueológicos de todo o continente. E estudos arqueológicos recentes provocaram uma reviravolta na compreensão da história anterior a Colombo.[63]

No Brasil, foram datados objetos confeccionados por grupos humanos há cerca de 30 mil anos. Mas, a descoberta mais revolucionária ocorreu na Serra da Capivara, município de São Raimundo Nonato, Estado do Piauí. Foram ali descobertos, em 1986, 350 sítios arqueológicos, com pinturas rupestres[64] de aproximadamente 17 mil anos. E, a surpresa maior, quatro anos depois, foi a constatação de que há pelo menos 48 mil anos, nesse lugar viveram pessoas humanas.

---

62 NIMUENDAJÚ, C. *Leyenda de la Creación y Juicio Final del Mundo como Fundamento de la Religión de los Apapokuva-Guarani*. São Paulo, 1944, p. 58. MÉTRAUX, A. *A religião dos tupinambás*. 2ª ed. São Paulo: Companhia Editora Nacional/ Edusp, 1979, (coleção Brasiliana, vol. 267). VAINFAS, R. *A heresia dos índios...*, op. cit., pp. 190-199.
63 SANTOS, Eduardo Natalho dos. *Deuses do México indígena: Estudo comparativo entre narrativas espanholas e nativas*. São Paulo: Palas Athena, 2002, pp. 43-44. HOORNAERT, E. *História do cristianismo...*, op. cit., pp. 35; 88-89. A descoberta mais importante é a da Serra da Capivara, no Brasil, cujo parque nacional foi declarado patrimônio cultural e natural da humanidade.
64 No Brasil, temos arte rupestre em diversos lugares, como: São Raimundo Nonato (Piauí); Lagoa Santa e Peruaçu (Minas Gerais); Pedra Pintada (Paraíba). Ver GUIDON, Niéde. As ocupações pré-históricas do Brasil, em: CUNHA, Manoela Carneiro (Org.) *História dos índios do Brasil*. São Paulo: Companhia das Letras, 1998. Ver também: Museu do Homem Americano. Disponível em:
<www.fumdham.org.br/pinturas.asp>. Acesso em: 9/4/2013. Na região da Patagônia, Argentina, destaca-se a Cova das Mãos:
<www.patagonia.com.ar/circuitos/587_Cueva+de+las+Manos%3A+un+Patrimonio+Cultural+de+la+Humanidad.html>. Acesso em: 9/4/2013.

Ainda no Brasil, a reconstituição da cabeça de uma mulher a partir do seu crânio, encontrado no fundo de uma caverna em Lagoa Santa, próximo a Belo Horizonte, comprovou o inusitado: essa mulher, que viveu há aproximadamente 12 mil anos, tinha traços negroides. Evidencia-se que, nesse lugar, viveram grupos humanos com traços muito mais característicos dos povos africanos ou australianos. Assim ficou superada a ideia de que os antigos habitantes seriam só os asiáticos antepassados dos indígenas atuais.[65]

Com isso, pode-se afirmar que, desde há cerca de 50 mil anos já havia presença humana na parte do mundo que chamamos América Latina. Não há consenso entre as diversas teorias acerca do seu povoamento, mas algumas convicções dizem que ele se deu por diversas levas migratórias, e que nossos ancestrais ameríndios emigraram principalmente da Ásia, em diferentes épocas.[66]

De fato, os povos da América têm origem asiática nas suas etnias, culturas, línguas e religiões. Foi principalmente a partir do Oceano Pacífico que uma efervescência cultural entrou pelas costas americanas e dali se expandiu, alcançando o Oceano Atlântico.[67]

A chegada dos colonizadores europeus é bem recente em relação a toda essa antiguidade ameríndia. Eles encontraram povos urbanos com grandes avanços civilizatórios e constituindo impérios, como os astecas e maias (no México e Yucatán), incas (nas serras do Peru e da Bolívia), chibchas (savana de Bogotá, na Colômbia), além de uma infinidade de povos nômades. Os agricultores, que estavam principalmente nas regiões mais próximas dos grandes rios, eram principalmente os tupis-guaranis,

---

[65] A respeito da reconstituição do crânio dessa mulher, que passou a ser chamada Luzia, a Revista Veja publicou matéria em 25/08/1999, que está disponível em <veja.abril.com.br/250899/p_080.html>. Acesso em: 9/4/2013.

[66] O Estreito de Bering, nas eras de congelamento, tornava-se uma grande ponte natural para a travessia a pé. Outras levas migratórias podem ter navegado pelo Oceano Pacífico de ilha em ilha até alcançar o continente. Também é possível que alguns grupos tenham vindo da Malásia ou da Austrália, entrando pela Patagônia; outros ainda podem ter vindo da Polinésia. GIORDANI, Mário Curtis. *História da América pré-colombiana: Idade Moderna II*. Petrópolis: Vozes, 1990, cap. III. PREZIA, Benedito & HOORNAERT, Eduardo. *Brasil indígena: 500 anos de resistência*. São Paulo: FTD, Unidade 1, 2000.

[67] DUSSEL, E. *Historia General...*, *op. cit.*, p. 125.

desde a atual Venezuela, passando pelo Brasil, até à Bacia do Prata; os araucanos, no Chile; os caribes, nas Antilhas, costas da América Central e norte da América do Sul.

Antiquíssimas raízes de experiência religiosa já haviam passado por intercâmbios culturais diversos. Algumas delas, com a aquisição de complexidade e refinamento, foram instituídas como sistema religioso.

E o que dizer das línguas, sendo que a língua é a alma de uma cultura? Na Ameríndia falava-se uma grande quantidade e grande variedade de línguas, a partir de importantes troncos linguísticos, mas também línguas independentes, além de muitos dialetos. Américo Vespúcio ficou muito admirado quando escreveu: "Diz-se que no mundo não existem mais que 77 línguas, mas eu digo que existem mais de mil, que só as que eu ouvi são mais de 40 [...]. Descobrimos infinita terra, vimos infinita gente e várias línguas e todos desnudos".[68]

Em 1492 era praticamente impossível saber quantas eram as línguas dos ameríndios, mas os europeus recém-chegados convenceram-se de que eram em número maior que as do Velho Mundo. Algumas estimativas calcularam entre 2.000 e 2.200 línguas,[69] sem contar a multiplicidade de dialetos. Em 1629, o frade carmelita Vásquez de Espinosa aludiu à confusão de Babel ao arrolar cerca de 355 variantes dialetais em apenas 280 léguas, no bispado da Guatemala.[70] No Brasil, calculam-se atualmente mais de 180 diferentes línguas e dialetos indígenas, resistentes apesar de todo o massacre e opressão.[71]

Os colonizadores entendiam que suas línguas eram cristãs e civilizadas, e que todas as outras eram gentílicas e atrasadas. Assim, não puderam perceber que eram línguas tão dignas quanto as suas, e que a única diferença estava na característica convencional da sua escrita, diante do caráter da oralidade que caracterizava a escrita dos povos ameríndios.[72]

---

68 VESPÚCIO, A. *Novo Mundo...*, op. cit., pp. 60-61. A carta foi escrita em 18 de julho de 1500.
69 SANDERS, William T. & MARTINO, Joseph. *Pré-história do Novo Mundo*. Rio de Janeiro: Zahar Editores, 1971, p. 31.
70 CHAUNU, Pierre. *A América e as Américas*. Edições Cosmos, 1969, p. 18.
71 PREZIA & HOORNAERT. *Brasil indígena...*, op. cit., p. 21.
72 Pode-se consultar: GIORDANI, M.C. *História da América pré-colombiana...*, op. cit.,

Heranças religiosas ameríndias

Muitas culturas-matrizes foram herdadas por sociedades mais complexas, que delas absorveram cosmovisões e ricas heranças religiosas. Em nosso tempo, resta-nos contemplar suas relíquias simbólicas e arqueológicas. Mesmo na falta das chaves de interpretação desses nossos ancestrais ameríndios, considerar essas raízes religiosas de longa duração é algo muito importante.

Os altos vales da Cordilheira dos Andes começaram a ser povoados há uns 12 mil anos. Aqueles povos andinos entraram na revolução agrícola há uns 9 milênios. Desde o ano 2300 a.C. já construíam estruturas templárias para as cerimônias religiosas. Na época em que a tradição judaico-cristã faz referência a Abraão, 1800 a.C., eles já haviam desenvolvido a cerâmica. Em 900 a.C. já tinham canais de irrigação ao longo dos vales. Mantinham um constante intercâmbio de produtos com os povos mesoamericanos. E a base de todo esse avanço cultural era um culto religioso que exaltava a origem mítica da nova civilização.[73]

Dentre as culturas primordiais andinas, podemos lembrar: Chavín de Huántar (900 a 200 a.C.), que aperfeiçoou o xamanismo; Diaguita (900 a.C. a 500 d.C.), que desenvolveu o culto à antiga deusa da terra chamada *Pachamama;* Nazca (100 a 750 d.C.), que nos deixou as misteriosas linhas no chão para serem contempladas de cima; Tiahuanaco, a "cidade do esplendor" (500 a 1100 d.C.), da qual restam relíquias arqueológicas em pedra, de muitas praças, templos, pirâmides de degraus, estelas de forma humana; Huari (600 a 1000 d.C.), que fazia parte do império Tiahuanaco, com sua típica "divindade com bastão" e com a construção de estradas e de centros administrativos, bem aproveitados depois pelo império inca; Chimu com sua capital Chan Chan, lugar de muito sol (1000 a 1470 d.C.), a maior cidade de adobe do mundo, um verdadeiro monumento de planejamento urbano.

Merece destaque o centro religioso de Tiahuanaco, desenvolvido no altiplano que cerca o lago Titicaca, numa altura de quase 4 mil metros.

---
pp. 124-132.
73 SCHOBINGER, Juan. As religiões ameríndias, em: DUSSEL, E. (Org.) *Historia Liberationis...*, *op. cit.*, pp. 43-50.

Tiahuanaco acolhia peregrinações de todas as partes dos Andes e exercia influência sobre toda essa região. Deixou-nos uma enorme construção inacabada, com pirâmides de terraços, portas frisadas, plataformas, reservatórios e estátuas.[74]

Na região da Mesoamérica (México e América Central), em meados do 5º milênio a.C. começou um lento processo que desembocou na agricultura. Perto de 1200 a.C. nasceu o mundo olmeca, que inaugurou nova etapa na história do lugar. Os olmecas ergueram e difundiram diversos centros cerimoniais. De fato, na Guatemala e na costa do golfo foram encontradas estelas e atlantes, além de esculturas em pedra que retratam imagens de homens gordos, identificados como deuses.[75]

Um sistema de organização e transmissão do saber, baseado num calendário e num original sistema de escrita, possibilitou a transmissão de uma enorme herança cultural que, desde os olmecas, passou pelos teotihuacanos e chegou aos toltecas, tepanecas e mexicas. Foi assim que, dois milênios depois dos olmecas, os mexicas afirmavam ser herdeiros de uma sequência de horizontes culturais mesoamericanos.[76]

Dentre as culturas primordiais mesoamericanas, podemos citar: a pioneira civilização olmeca que, desde cerca de 1450 a.C., foi matriz de muitas outras e serviu de base para a civilização maia; Teotihuacán, a "cidade dos deuses" ou "cidade onde os seres humanos se convertem em deuses" (300 a.C. a 600 d.C.); os toltecas, com sua cidade de Tula (856 a 1168 d.C.), notável centro de poder, que introduziu em toda a região o culto a *Quetzalcóatl*, o deus serpente emplumada.

As relíquias arqueológicas deixadas pelos olmecas, como seus complexos para cerimônias religiosas e suas cabeças colossais, nos transmitem algo de mistério. É deles a mais antiga pirâmide da América Central, sem ponta, com dez lombadas e dez depressões para imitar as fraldas de um vulcão. Além da edificação de cidades, especialmente em La Venta,

---

74 A civilização megalítica de Tiahuanaco desenvolveu-se no noroeste da Bolívia e no litoral do Chile, com uma rede de colônias interligadas por grandes tropas de lhama. Ver: SCHOBINGER, J. As religiões ameríndias, *op. cit.*, pp. 57-60.
75 SANTOS, E.N. *Deuses do México indígena...*, *op. cit.*, pp. 47-53.
76 *Ibid.*

eles deixaram traços essenciais que depois foram absorvidos por todas as grandes civilizações mesoamericanas: calendários para computar o tempo, pirâmides, altares, estelas esculpidas, baixos-relevos, cinzeladuras de jades e de jadeítas e até uma forma de escrita hieroglífica.[77]

A partir de influências olmecas, aos poucos foram surgindo sociedades teocráticas, isto é, regidas pela religião. *Teotihuacán* se destacou. Segundo suas narrativas míticas, foi ali que os deuses se reuniram para dar origem à era do 5º Sol, depois de uma época de obscuridade. *Nanahuatzin,* um deus humilde e "pustulento", foi o primeiro a jogar-se no fogo e converteu-se no Sol. Outros deuses se encorajaram também ao sacrifício, mediante o qual criaram o mundo atual e os seres humanos. Então, esse importante centro religioso foi erigido em homenagem às divindades que, por seu sacrifício no tempo primordial, deram origem ao mundo e à humanidade.[78]

As heranças dessa cidade de religião, que atraía peregrinações de toda a Mesoamérica, foram absorvidas por todas as culturas mesoamericanas, notadamente o reino tolteca e o império asteca. Ainda se conservam ali as enormes pirâmides do Sol e da Lua, a avenida dos Mortos e relíquias dos diversos templos, onde eram cultuadas divindades como *Tlaloc* (o deus velho, da água e da chuva), *Chalchiuhtlicue* (deusa da água), *Quetzalcóatl* (serpente de plumas, símbolo da fecundidade agrária) e outras divindades agrárias. Ainda, pinturas murais testemunham a crença dos teotihuacanos na vida após a morte, num paraíso com jardins tropicais, sob a proteção benfazeja de *Tlaloc*.[79]

Embora tenham desaparecido pouco a pouco as cidades clássicas, um povoado de Teotihuacán sobreviveu em Azcapotzalco, às margens

---

77 As monumentais cabeças foram esculpidas em pedra, com mais de dois metros de altura e o peso de 25 toneladas. SOUSTELLE, Jacques. *Os astecas*. São Paulo: Difusão Europeia do Livro, 1972, p. 9. SCHOBINGER, J. As religiões ameríndias, *op. cit*., pp. 49-50.
78 O mito de Teotihuacán com as 5 idades do mundo pode ser lido em: SUESS (Org.) *A conquista espiritual...*, *op. cit.*, pp. 21-26. O apogeu dessa grande cidade-Estado de cunho teocrático chamada Teotihuacán se deu entre 200 e 600 d.C. Depois, ela foi incendiada e sistematicamente destruída, por causas diversas, como climática, perda de prestígio e de poder da elite dirigente, invasões de tribos bárbaras. GIORDANI, M.C. *História da América pré-colombiana...*, *op. cit.*, pp. 137-139.
79 GIORDANI, M.C. *História da América pré-colombiana...*, *op. cit.* SOUSTELLE, J. *Os astecas...*, *op. cit.*, pp. 9-10.

da grande laguna. Ali surgiu a cidade de Tula, em meados do século IX d.C. Era o início de uma liderança dos povos de língua *náhuatl* na região. Provavelmente, os primeiros imigrantes toltecas, ainda bárbaros e pouco numerosos, submeteram-se à hegemonia de uma classe sacerdotal originária de Teotihuacán, fiel à tradição teocrática da Era clássica teotihuacana. Isso aparece em narrações histórico-míticas, simbolizado pelo rei-sacerdote *Quetzalcóatl*, a serpente de plumas. Dizia-se que esse deus falava uma linguagem diferente do *náhuatl*, proibia todo sacrifício humano, celebrava o culto do deus da chuva e se mostrava sempre bom e virtuoso.[80]

Na grande região do atual Brasil, grupos de diversas tradições culturais foram chegando à Amazônia, vindos das regiões do Peru e da Colômbia, com suas línguas tupi e aruak. Mais tarde, chegaram grupos de outras tradições culturais, com outras línguas, como karib, pano e yanomami. Há cerca de 11 mil anos, no Baixo Amazonas brasileiro já se fabricavam objetos de cerâmica, como atestam relíquias arqueológicas em alguns sambaquis.[81]

No Brasil, pelo menos duas culturas alcançaram um avançado desenvolvimento: a marajoara (nascida por volta de 1500 a.C.), com suas estatuetas de divindades e aterros altos à beira dos rios, que eram sepulturas; e a de santarém, cujo início coincide com a Era cristã, e da qual alguns cronistas europeus conheceram povos com um culto religioso organizado.[82]

No entanto, os portugueses confrontaram-se com povos caçadores-coletores. Religiosos e viajantes deixaram-nos muitos testemunhos escritos, especialmente a respeito da cultura tupinambá-tupiniquim, cuja prática cultural de antropofagia interpretaram segundo seus parâmetros. Aliás, o olhar europeu captou como pôde a diversidade étnica, o modo de vida e as tradições desses povos.[83]

---

80 SOUSTELLE, J. *Os astecas...*, op. cit., p. 12.
81 PREZIA & HOORNAERT. *Brasil indígena...*, op. cit., pp. 10-97.
82 *Ibid.*
83 Entre as testemunhas oculares que escreveram podemos citar os religiosos: Nóbrega, Anchieta, Cardim e Monteiro, todos jesuítas ibéricos; os capuchinhos franceses Abbeville, Évreux, Thévet. Também Léry, calvinista francês. Os civis são: Pero de Magalhães Gandavo e

A festa antropofágica era usual entre os carijós-guaranis da Lagoa dos Patos, os aimorés do sul da Bahia, os tupiniquins e tupinambás de São Vicente. Essa tradição ligava-se ao caráter guerreiro da sociedade tupi, na qual se entendia que, para ser homem completo era preciso ser guerreiro. Já no rito de iniciação o jovem fazia a quebra do crânio de um "contrário". Porém, não se tratava de vingança como expressão de ódio pessoal. O prisioneiro era bem tratado. E o guerreiro que o aprisionara e que iria matá-lo retirava-se para um prolongado resguardo. Ao quebrar o crânio desse "contrário" ganhava um novo nome. Não participava da festa antropofágica. E, da parte do "contrário", a morte ritual era tida como honrosa.[84]

Os povos tupis afirmam sua identidade ritualizando a diferença. Eles não podem conceber a igualdade com todos num sentido universal, pois isso seria como se separar de todos.[85] Numa cumplicidade recíproca entre eles e seus contrários, no século XVI o prisioneiro podia tornar-se cunhado, porque dormia com a irmã do seu executor.[86]

Porém, os missionários e colonizadores cristãos entendiam essa tradição como pura violência e barbárie ritualizada. E foi com uma violência muito maior que tentaram impedi-la. Mem de Sá, o primeiro governador geral do Brasil colonial, matou mais nativos nos 14 anos do seu mandato do que o ritual antropofágico dos tupis durante todo o século XVI.[87]

É importante dizer que não nos faltam testemunhos desse universo religioso tão antigo, embora tenhamos dificuldade para interpretá-lo. Os povos nativos guardavam sua memória histórica e seu pensamento em seus mitos e rituais religiosos, códices, relevos em pedras, murais, estelas. A arte rupestre que chega até nós, em desenhos e pinturas gravados em superfícies rochosas,

---

Gabriel Soares de Sousa, portugueses; Hans Staden e Ulrich Schmidtl, alemães. Cf. SUESS, Paulo. A catequese nos primórdios do Brasil, *op. cit.*, p. 21.
84 CUNHA, Manuela Carneiro da; CASTRO, Eduardo Viveiros de. Vingança e temporalidade: os Tupinambás, em: *Anuário antropológico*, 85. Rio de Janeiro, 1985, p. 61.
85 CLASTRES, Pierre. *Arqueologia da violência: Pesquisas de antropologia política*. São Paulo: Cosac & Nafty, 2004, p. 256ss.
86 CARDIM, Fernão. *Tratados da terra e gente do Brasil*. São Paulo: Edusp; Belo Horizonte: Itatiaia, 1980, p. 91ss.
87 SUESS, P. A catequese nos primórdios do Brasil, *op. cit.*, pp. 22-23.

testemunha que rituais mágico-religiosos, principalmente de caça, eram praticados há mais de 10 mil anos.

Infelizmente, a destruição dessas fontes foi drástica. Contudo, temos diversos registros, como aqueles produzidos por europeus do século XVI, conquistadores, religiosos, funcionários reais, viajantes. Como é de se esperar, são as crônicas produzidas pelos religiosos que trazem mais informações a respeito da religião. E são especialmente importantes os registros deixados por nativos sobreviventes dos massacres da conquista, que conhecemos como "códices pré-colombianos".[88] Um deles é o *Popol Vuh*, ou "livro da comunidade", que reúne vários episódios tirados de outras narrativas dos povos indígenas da Guatemala e incorpora alguns conceitos cristãos.[89]

Esses registros evidenciam que os ameríndios tinham uma visão do mundo e da vida bem diferente daquela dos europeus. A cosmovisão europeia pautava-se numa estrutura narrativa comum, segundo a bíblia judaico-cristã. Por sua vez, os nativos tinham uma variedade de narrativas míticas a respeito das origens do mundo, dos deuses e dos seres humanos, mas também convicções em comum, como é o caso dos povos mesoamericanos, graças à centralidade do seu complexo sistema calendário. Vejamos:[90]

O mundo já passou por várias idades, sendo transformado ou parcialmente destruído por grandes catástrofes naturais. Ao longo das várias idades, o ser humano e a agricultura passaram por um processo de aperfeiçoamento que culminou na humanidade atual e na descoberta

---

88 A respeito desses códices indígenas pode-se ver: LEÓN-PORTILLA, Miguel. *El Destino de la Palabra: de la Oralidad y los Códices Mesoamerianos a la Escritura Alfabética*. México: El Colegio Nacional Fondo de Cultura Económica, 1968, (colección popular).
89 O *Popol Vuh* foi composto durante a primeira metade do século XVI, pela facção Kavek dos habitantes de Santa Cruz Quiche, atualmente Guatemala. Foi escrito nas línguas latim e quiche. Provavelmente objetivava defender interesses do grupo diante do governo colonial. É uma narrativa de central importância para entendermos a concepção mesoamericana das origens do mundo. Relata, de forma detalhada e extensa, as criações e destruições do mundo. Isto é afirmado por SANTOS, E.N. *Deuses do México indígena...*, op. cit., p. 96. Pode-se ver: *Popol Vuh: las Antiguas Historias del Quiché*. (Tradução, introdução e notas de Adrián Recinos). 26ª ed. México: Fondo de Cultura Económica, 1996, (Colección popular, n. 11).
90 A centralidade do sistema calendário e as convicções comuns dos povos mesoamericanos são mostradas por SANTOS, E.N. *Deuses do México indígena...*, op. cit., pp. 238-239 e 300.

do milho. Não há uma fronteira rígida entre os humanos e os deuses, nem entre os humanos e os animais. No mundo vertical de cima existem vários céus, entre 9 e 13, e neles estão os astros, bem como algumas divindades que se pode identificar; abaixo da superfície terrestre existe um inframundo com 9 níveis e suas deidades correspondentes. Também existe *Tlalocan,* lugar do deus *Tlaloc,* uma espécie de paraíso da abundância e da fertilidade; e *Chichiual-quauitl,* uma espécie de árvore nutriz que alimenta as crianças mortas até elas renascerem.

Dos povos andinos, temos uma narrativa no *Popol Vuh,* a respeito de como a humanidade foi criada a partir do milho.[91] Esse cereal, domesticado há pelo menos 7 mil anos pelas populações dos altos vales da Cordilheira dos Andes e também da Mesoamérica, foi aperfeiçoado e desenvolvido em grande variedade. Religiosamente, o milho era considerado filho do Sol, e sua planta era tida como prodigiosa.[92]

Entre os ameríndios do Brasil destaca-se o aipim, também chamado mandioca. Os povos tupis atribuem ao deus *Maíra Monã* o aprendizado do seu cultivo, como dizem as narrativas míticas a respeito da origem do mundo e da humanidade, documentadas por viajantes do século XVI.[93]

Xamanismo, base das religiões ameríndias

O mundo religioso ameríndio, desde sua antiguidade, tem por base o xamanismo.

Mircea Eliade explica que o xamanismo nasceu na Ásia, entre povos caçadores de algumas regiões, mas também entre os povos tugus da Sibéria. Diferente de um sistema religioso, trata-se de um conjunto de métodos e técnicas para provocar o êxtase, ou seja, uma viagem xamânica ao mundo das forças sobrenaturais da natureza. O xamã, que pode

---

91 A narrativa da criação da humanidade a partir do milho pode ser lida em: SUESS, P. (Org.) *A conquista espiritual...*, op. cit., pp. 26-36.
92 GIORDANI, M.C. *História da América pré-colombiana...*, op. cit., pp. 108-109.
93 Muitos relatos míticos a respeito da origem do mundo, da humanidade e das culturas foram documentados pelos viajantes: THEVET, Fr. André. *La Cosmographie Universelle.* Paris: Guillaume Chaudiere, 1575, 2 vols. MÉTRAUX, A. A religião dos tupinambás, *op. cit.*, p. 267. D'EVREAUX, Ives. *Viagem ao Norte do Brasil.* Rio Janeiro: Livraria Leite Ribeiro, 1929.

ser homem ou mulher, utiliza-se dessas técnicas e rituais para entrar no mundo dos espíritos da natureza, dominá-los e fazê-los atuar em favor das pessoas e da comunidade, especialmente em curas.[94]

Entretanto, o xamanismo também surgiu entre os povos americanos, em seu estágio agrícola. Entre as variações do xamanismo ameríndio, em relação ao asiático, pode-se destacar a tendência a um peculiar esoterismo, como ocorreu nos cultos da América Central e do Peru (especialmente nas culturas: olmeca e chavín), bem como em algumas culturas agro-oleiras da Área Andina Meridional e da Bacia Amazônica (mapuches ou araucanos do Chile).[95]

Desse modo, uma inovação importante aqui introduzida, no processo de iniciação do xamã, é a utilização de plantas alucinógenas para reforçar as técnicas arcaicas de êxtase. São conhecidas cerca de 80 espécies vegetais com propriedades psicotrópicas, ou que provocam um estado alterado de consciência, principalmente o iajé e o tabaco. Além disso, foram-se acrescentando rituais rigorosos praticados pelo xamã consigo mesmo, como o de cortar-se, perfurar a própria língua e até amputar-se dedos, na ânsia de conseguir a comunicação com o transcendente. E outras peculiaridades que diferenciam do xamanismo asiático são as cerimônias coletivas de iniciação, o uso mais do chocalho que do tambor para invocar os espíritos e a frequente transformação do xamã em jaguar.

Em geral, os animais-símbolos xamânicos são o felino, o réptil e a ave de rapina. No entanto, em algumas sociedades ameríndias o xamanismo adquiriu um alto grau de complexificação, além de intensificar a associação do ser humano com o felino, especialmente o jaguar. É o caso dos chavíns.

A cultura Chavín de Huántar, que pode ter sido o berço de toda a civilização andina, constituiu-se como sociedade teocrática, governada pelos xamás. Esse centro cultural, localizado perto do centro-norte do atual Peru, entre 900 e 200 a.C., tornou-se uma cidade aberta,

---

94 ELIADE, Mircea. *O xamanismo e as técnicas arcaicas de êxtase*. São Paulo: Martins Fontes, 1998.
95 SCHOBINGER, J. As religiões ameríndias, *op. cit.*, pp. 37-38.

favorecedora de intercâmbios. Era como um centro tardio que recolhia, elaborava e ampliava experiências anteriores. Apesar da escassez de documentos para sabermos dos seus rituais e ideias religiosas, os indícios arqueológicos e comparativos permitem ver o papel importante desempenhado pelo simbolismo do felino, o jaguar, para os chavins.[96]

Foi ali em Chavín de Huántar que se construiu a primeira estrutura monumental da serra peruana, um templo em forma de U, altamente barroco, com abertura para o leste. Entre as ruínas desse templo está a "grande lança", um monolito de granito esculpido, como coluna de sustentação entre duas galerias. Retrata uma divindade em forma impressionante, humana nos contornos gerais, mas com detalhes de animais que constituem a tríade do xamanismo ameríndio: a ave de rapina (nesse caso, a águia); o felino (jaguar) e a serpente. A boca é do jaguar sorridente, as sobrancelhas e os cabelos são serpentes, nas orelhas há pingentes circulares. O pé tem cinco dedos, mas as unhas são, ao mesmo tempo, de ser humano, de ave e de felino. O braço direito estende-se para cima e o direito para baixo. Possivelmente essa era uma imagem para os sacerdotes se confrontarem, na etapa final de sua iniciação xamânica.[97]

Na Mesoamérica, mais exatamente na costa do golfo do México, os olmecas viveram uma religião cujos traços característicos incluíam um verdadeiro fascínio pelo jaguar. Isso se evidencia, por exemplo, no sítio de La Venta, onde uma fase diferenciada da cultura olmeca floresceu entre 900 e 400 a.C. Ali, três mosaicos feitos de serpentina verde constituem um pavimento que, quando visto de cima, apresenta uma grande máscara geometrizada de jaguar.[98]

Entretanto, noutras culturas persistiu a forma primitiva do xamanismo, ou mais asiática. Podemos citar a forma de xamanismo dos tupis-guaranis, no Brasil, que conservaram mais as características dos mongóis siberianos. O xamã, aqui chamado pajé, à semelhança do xamã siberiano emprega não só ervas medicinais, mas também o transe extático, para entrar em contato

---

96 *Ibid.*, pp. 46-49.
97 *Ibid.* Informações a respeito de Chavín de Huantar estão em *World Heritage Convention*, disponível em: <whc.unesco.org/en/list/330>. Acesso em: 9/4/2013.
98 SCHOBINGER, J. As religiões ameríndias, *op. cit.*, pp. 49-50.

com os espíritos da natureza e atender à sua comunidade. O pajé, homem ou mulher, apossa-se dos espíritos, faz curas, dirige preces, aconselha. Às vezes, acreditando que a enfermidade foi causada porque a alma do enfermo o abandonou, sai em busca dessa alma e a faz retornar ao corpo da pessoa doente para, assim, restituir-lhe a saúde.[99]

Também no Brasil, pode-se ver o caso dos bororos, que são do tronco macro-jê. Entre eles, é central a figura do pajé dos espíritos, chamado *Bari*, que é o intermediário entre a comunidade e os espíritos. Ele exerce essa função graças a seus dons naturais, e não por eleição. Conhece os segredos da natureza, cura as doenças, benze a caça, afasta os maus espíritos, prevê o futuro, acompanha as caçadas rituais. Um verdadeiro *bari* sempre é muito respeitado por todos e temido.[100]

Infelizmente, muitos missionários cristãos combateram as representações do xamanismo, por motivo da conversão dos nativos. O padre jesuíta Anchieta escreveu que os pajés eram executivos do diabo, feiticeiros com poder sobre a vida e a morte, enquanto os missionários eram enviados do Altíssimo para desmascará-los e expulsá-los.[101]

Desse modo, os xamãs ou pajés foram duramente perseguidos nos séculos XVI e XVII. Nos séculos XVIII e XIX, os viajantes europeus os classificaram como exóticos e, no século XX, fizeram-se deles interpretações esotéricas. Porém, o xamanismo resistiu o quanto pôde e desenvolveu certo paradigma de adaptabilidade, o que lhe permitiu sobreviver.[102]

Heranças religiosas africanas

A África é nossa origem comum. Ali surgiu o chamado *Homo habilis*, o ser humano que sabia talhar ferramentas de pedra e que foi precursor do nosso antepassado direto, o *Homo sapiens*. Entre os séculos XI e V

---
99 PIAZZA, Waldomiro. *Religiões da humanidade*. São Paulo: Loyola, 1996, p. 39.
100 PREZIA & HOORNAERT. *Brasil indígena...op. cit.*, p. 68.
101 ANCHIETA, José de. *Cartas, informações, fragmentos históricos e sermões*. Belo Horizonte: Itatiaia; São Paulo: Edusp, 1988, Cartas Jesuíticas, 73, n. 13.
102 SANTOS, M. de L. *Xamanismo: a palavra que cura*. São Paulo: Paulinas; Belo Horizonte: Editora PUC-Minas, 2007, p. 14.

a.C., após a revolução neolítica, agricultores e criadores de gado foram avançando do norte em direção ao sul. Expulsaram dali os primitivos habitantes, os sans, e constituíram a importante família linguística dos bantos com seus diferentes grupos étnicos.[103]

Esse continente, pioneiro na humanidade em fazer ferramentas de ferro e de argila, teve também suas grandes evoluções culturais. Podem ser destacadas as culturas do Egito, da Núbia e da Etiópia. Também as da África Negra, embora seu grande crescimento econômico, político e cultural seja mais recente, desde o final do século XII da Era cristã até o final do XVI.[104] Ainda, na África constituíram-se grandes impérios: Egito (3000 a.C. a 300 d.C.), Gana (700 a 1200 d.C.), Canem (800 a 1850 d.C.), Mali (1200 a 1500 d.C.), Songai (1350 a 1600 d.C.), Benin (1300 a 1800 d.C.) e Zimbábue (1400 a 1800 d.C.).[105]

O vasto mundo de antiguidade africana preserva heranças passadas de uma cultura a outra, memórias e tradições transmitidas oralmente durante milênios, e também objetos, construções, monumentos que falam de religião.

Por exemplo, as *dzimba dza mabwe*, que se traduz por "casas de pedra" e são antiquíssimas casas veneráveis, no Grande Zimbábue. De *dzimba dza mabwe* resultou o nome dessa antiga capital, Zimbábue, que foi erguida ao sul do Saara pelos aborígenes da tribo chona de Caranga. Suas gigantescas construções de granito são um impressionante monumento cultural. Os portugueses, que ali penetraram no século XVI à procura de ouro, pensaram ver a terra de Ofir da rainha de Sabá, do tempo do rei Salomão.[106]

Também falam de raízes religiosas as pedras veneráveis, ou bétilos sagrados, que ainda podem ser vistos na metrópole iorubá Ilê-Ifé e

---

[103] O *Homo habilis* surgiu dois milhões de anos antes de qualquer cultura escrita, como mostram os utensílios desenterrados por Leakey no tufo vulcânico da região da garganta do Olduvai, no Quênia, e datados com base nas camadas geológicas. KÜNG, Hans. *Religiões do mundo: Em busca dos pontos comuns*. Campinas-SP: Verus Editora, 2004, pp. 38-40.
[104] *Ibid.*, p. 43.
[105] HOORNAERT, E. *História do cristianismo...*, *op. cit.*, pp. 148-149.
[106] A cidade inteira, com sua torre cônica e castelo, a partir de 1986 é considerada pela Unesco como patrimônio cultural da humanidade. KÜNG, Hans. *Religiões do mundo...*, *op. cit.*, pp. 43-44.

também em Ilê-Isa. O mais famoso deles tem gravadas as 16 respostas elementares de *Fa* (os *Fadú*) que, combinados dois a dois resultam em 16 ao quadrado, ou seja, 256 respostas. Os iorubás consideram Ilê-Ifé seu lugar de origem, e sua mitologia diz que Ifé é o lugar sagrado onde os orixás criaram o mundo e a humanidade.

Entretanto, antes da cultura iorubá, em Benin estava o antigo reino de *Ketu*.

Ketu se estendia desde o córrego Yewa, a leste, até o rio Uemé, no oeste. Nada sabemos de suas populações primordiais, mas elas deixaram sinais. São principalmente túmulos com antigas contas vermelhas de cornelina, facetadas, conhecidas na época contemporânea como "contas de Ketu". Ao norte, nas proximidades da aldeia de Ewé, ficaram ruínas de uma aldeia muito antiga, que os iorubás chamaram de *Ilé-Sin* (a casa dos sins). Ali estão túmulos, pedaços de cerâmica e cisternas cavadas na laterita.[107]

Ilé-Sin, segundo as tradições dos iorubás de Ilê-Ifé, era constituída por antepassados oriundos do Iêmen, na Arábia. Eles teriam deixado a região por causa de desentendimentos de ordem religiosa. Empreenderam uma viagem de 90 dias, carregando consigo seus bétilos sagrados, trazidos das regiões mais remotas do Iêmen, venerados como moradias de divindades. Pararam às margens do rio Nilo, mas deslocaram-se também dali, para se estabelecerem na região do Baixo rio Níger. Ali o clã se dividiu e o grupo mais importante ficou na margem direita do Baixo Níger. O mais antigo líder da dinastia Ketu foi *Isa-Ipanan*, que significa "chicote de deus". Mas, foi seu 6º sucessor, o rei Edé, quem fundou a cidade do Ketu no século XI d.C.[108]

Os iorubás, que desde o século VI d.C. foram se estabelecendo no golfo da Guiné, desenvolveram-se no sudoeste da Nigéria, nas regiões do sul e do médio Benin, e também no Togo. Dominaram a população do delta do Niger e fundaram os reinos de Ife e Benin. Esses reinos, que

---

107 DUNGLAS, Édouard. Contribuição à história do Médio Daomé: O reino ioruba de Ketu, em: *Afro-Ásia*, n. 37, Universidade Federal da Bahia, 2008, pp. 203-238. Disponível em: <www.afroasia.ufba.br/pdf/Afroasia37_203_238_Douglas.pdf>. Acesso em: 10/4/2013.
108 *Ibid.*

mais tarde subdividiram-se, acolheram escravos fugitivos de outros povos, mas caíram sob a pressão colonizadora da Europa. Só restou o antigo reino de Benin, famoso por suas obras de arte em bronze, marfim e madeira, mas que também acabou dominado pelo povo *fon*, de Daomé. Esses daomeanos dominaram os *iorubás* e passaram a intermediar com os europeus o comércio de escravos.[109] Note-se que o reino de Daomé constituiu-se no século XVII e durou até o final do XIX, quando houve a conquista colonial francesa.

Benin é especialmente importante, para mais adiante entendermos a dinâmica cultural na origem das religiões afro-americanas. Dessa "costa dos escravos" foi escoada uma imensidão de gente expatriada e escravizada, que plantou na América Latina e no Caribe heranças africanas comuns, como o culto dos antepassados, a religiosidade que parte do interior da pessoa, tradições orais, práticas religiosas com seu dinamismo criador e recriador sempre atual. Para encontrar o espírito íntimo das religiões da África Negra, precisamos buscar os seus mitos sagrados.[110]

Um mito da tradição iorubá, perpetuado na memória do "povo de santo" no Brasil, diz que foi Ogum quem ensinou aos seres humanos as artes da agricultura:

> *Ogum andava aborrecido no Orum, queria voltar ao Aiê e ensinar aos homens tudo aquilo que aprendera. Mas ele desejava ser ainda mais forte e poderoso, para ser por todos admirado por sua autoridade. Foi consultar Ifá, que lhe recomendou um ebó para abrir os caminhos. Ogum providenciou tudo antes de descer à Terra. Veio ao Aiê e aqui fez o pretendido. Em pouco tempo foi reconhecido por seus feitos. Cultivou a terra e plantou, fazendo com que dela o milho e o inhame brotassem em abundância. Ogum ensinou aos homens a produção do alimento, dando-lhes o segredo da colheita, tornando-se assim o patrono da agricultura. Ensinou a caçar e a forjar o ferro. Por tudo isso foi aclamado rei de Irê, o Onirê. Ogum é aquele a quem pertence tudo de criativo no mundo, aquele que tem uma casa onde todos podem entrar.*[111]

---

109 BASTIDE, Roger. *As religiões africanas no Brasil: Contribuição a uma sociologia das interpretações de civilizações*. São Paulo: Pioneira, 1971.
110 LALEYE, Issiaka-Prosper. As religiões da África Negra, em: DELUMEAU, Jean (Dir.) *As grandes religiões do mundo*. (Tradução de Pedro Tamen) 3ª ed. Lisboa: Editorial Presença, 2002, pp. 613-615.
111 SÁLÁMÌ, Síkírú (King). *Ogum: Dor e júbilo nos rituais de morte*. São Paulo: Oduduwa,

Temos que ver os mitos em seu próprio universo cultural e religioso. Cada língua, etnia e cultura ali também tem que ser vista em seu universo próprio. E cada fato relatado pelo mito, seja a criação do mundo, dos deuses, do homem e da mulher, ou a criação das principais atividades humanas como a agricultura, a forja, a tecelagem ou a cerâmica, tem que ser ressituado em sua função religiosa de criação e celebração.[112]

Para a etnia iorubá, o mito das origens diz que *Olorum*, o senhor e proprietário do céu, quando quis criar o *Aiê* (mundo), confiou essa importante missão a *Oduduá*. Entregou-lhe um lenço de cabeça de mulher contendo êrupê (terra) e um galo. Nesse tempo, tudo estava coberto de água. *Oduduá* desceu do céu em sua piroga, desatou o seu lenço e despejou a terra. Ali instalou o galo que, com suas patas, afastou a terra em todos os sentidos. Foi assim que surgiu a Terra habitável.[113]

Mas, se foi assim fácil criar o mundo, a criação do ser humano exigiu um cuidado especial. *Olorum* incumbiu *Obatalá* de formar os seres humanos. Não se tratava de "criar", e sim de "formar", amassando argila para dar forma aos seres humanos. *Obatalá* cumpriu essa missão, mas, como teve sede no decurso da sua obra, bebeu vinho de palma e ficou embriagado. Assim, entre os seres humanos que modelou saíram alguns corcundas, alguns estropiados e diversas espécies de deficientes. *Obatalá* comunicou a *Olorum* que a formação dos seres humanos estava terminada. *Olorum* veio e comunicou a tudo o que lhe foi apresentado o sopro, a vida.[114]

Na África, de modo geral, o ser humano é visto essencialmente como uma pessoa, isto é, uma síntese dinâmica de componentes, proveniências e destinos diversos. O primeiro componente é o sopro, obra exclusiva do Criador. Sopro (émi na língua iorubá, *gbigbo* na dos fon) é a marca do que é vivo e une todos os seres vivos, humanos, animais e plantas numa verdadeira comunidade. O outro componente, o corpo,

---

1997, pp. 73-75. PRANDI, Reginaldo. *Mitologia dos orixás*. Ilustrações de Pedro Rafael. São Paulo: Companhia das Letras, 2001, pp. 98-99.
112   SÀLÀMÍ, S. *Ogum...*, *op. cit.*, p. 619.
113   LALEYE, I. As religiões da África Negra, *op. cit.*, p. 615.
114   *Ibid.*, pp. 625-626.

pela sua materialidade é o que se abre à relação com os outros e, em especial, com os progenitores. O corpo é a habitação do sopro e, ao mesmo tempo, o receptáculo de todas as influências; é a principal fonte da ação do humano sobre si mesmo e sobre o seu meio. As marcas raciais ou étnicas, bem como as cicatrizes de rituais, são ocasião para acentuar a consciência de pertença a um grupo, sem deixar de ser, pelo seu corpo, um indivíduo verdadeiramente único.[115]

Essa consciência de ser humano pode estar ligada ao fato de os iorubás enaltecerem especialmente dois dos orixás (nomes genéricos de deuses) pela sua humanidade: Xangô e Ifá. A mitologia diz que eles são antepassados que se tornaram ancestrais e divinos. Contam a sua história de vida, salientando sua particularidade de terem sido humanos, apesar de, em sua existência, terem obtido graças, que se disponibilizam aos adeptos de seus cultos:

Xangô foi um monarca e grande mágico, que cuspia fogo da sua boca e tinha o poder de comandar o raio e o trovão. Obá é sua esposa divinizada. Mas, o reinado de Xangô foi difícil e controverso. Ifá, também chamado Ofá ou Afá, é um "poço de ciência e sabedoria". Viveu na cidade de Ifé, lugar por excelência de cultura e religião e verdadeiro "umbigo do mundo". Conheceu a miséria, mas, por sua perseverança, teve a revelação dos 16 sinais que constituem o sistema Ifá. Quem consulta o oráculo Ifá lá encontra os comportamentos prescritos, desde os tempos imemoriais do começo de todas as coisas. Entende-se que hoje as pessoas humanas devem levar uma vida idêntica à de Ifá.[116]

Porém, os negros da África foram preconceituosamente estigmatizados como selvagens, primitivos, grosseiros e sem cultura. Além disso, o desenvolvimento desse continente foi violentamente interrompido pela invasão europeia no final do século XV. Companhias europeias privilegiadas passaram a roubar africanos, traficando-os como escravos, sobretudo na costa ocidental, entre a foz do Senegal e o norte de Angola, e depois também em Zanzibar, na costa oriental. E nos séculos XIX e

---

115 *Ibid.*, pp. 631-632.
116 *Ibid.*, pp. 621-623.

XX, o imperialismo colonialista das próprias potências europeias roubaria toda a África dos africanos.[117]

A sangria da África para a América pôs em ebulição o Oceano Atlântico. As Américas consumiram cerca de 15 milhões ou mais de homens e mulheres arrancados de lá, e o Brasil ficou com uns 40% desse montante.[118] No entanto, é bem difícil pensar em números quando consideramos a infinidade dos contrabandeados, o alto número de mortes já na fase de capturas e caçadas, as condições desumanas do transporte nos navios negreiros, as "cargas" jogadas ao mar quando se aproximava a fiscalização ou quando o alimento não seria suficiente, ou por outros motivos.

O tráfico de escravos negros era bem menor nos séculos XV e XVI, quando se dirigia principalmente para os mercados europeus. Porém, o frenesi se deu nos séculos XVII, XVIII e XIX, com o escravismo colonial estabelecido como modo sistemático de produção. Houve dois picos, um entre 1760 e 1780 e outro entre 1810 e 1850. Nesse último período entraram mais escravos na América Latina do que nos três séculos precedentes.[119]

O maior império negreiro era Portugal; depois, Inglaterra, França e Espanha. A navegação orientava-se para os negócios negreiros numa nova rede comercial em três direções: da América, carregamentos de açúcar e cachaça, ou rum, iam para a Europa; da Europa transportavam-se para a África rifles e outras armas e também objetos manufaturados; da África transportava-se gente para a América. Tudo isso era tratado como "estoque" e "peça", inclusive as pessoas. E toda a Europa, de diferentes formas, envolvia-se nos prósperos negócios negreiros.[120]

Pierre Verger alude à gravidade do fato de contingentes tão grandes de africanos terem sido trazidos à força para a América Latina e as Antilhas, durante praticamente quatro séculos. Eles eram procedentes de povos e civilizações das mais diversas, com suas múltiplas

---

117 KÜNG, H. *Religiões da humanidade...*, op. cit., p. 45.
118 REIS & GOMES (Org.s) *Liberdade por um fio...*, op. cit, p. 9.
119 HOORNAERT, E. *História do cristianismo...*, op. cit., p. 145.
120 *Ibid.*, pp. 143-145.

organizações dinásticas e tribais, e com suas tradições matrilineares e patrilineares. Eram criadores de gado, agricultores, gente de cultura da floresta e da savana, com uma grande diversidade de línguas, hábitos de vida e religiões. Só tinham em comum o desenraizamento, a expatriação e a escravidão.[121]

É bom lembrar que, na região do Caribe, a hegemonia espanhola foi quebrada a partir de 1625, com a invasão da França, Inglaterra e Holanda. Cuba e Porto Rico continuaram sob inteiro domínio da Espanha, mas o Caribe ficou fragmentado em diversas colônias. Essa fragmentação manifestou-se também no pluralismo religioso, pois no Caribe inglês estabeleceram-se anglicanos, metodistas e presbiterianos; no holandês, os da Igreja Reformada.[122]

Para o Brasil, chegou um rico panteão de divindades africanas que passou pelo golfo da Guiné, trazido por grupos de diversas etnias. Os bantos, originários principalmente das regiões do Congo, Mina, Cabinda e Angola, com seu caráter matrilinear, trouxeram consigo o culto da ancestralidade, os *eguns* (espíritos dos mortos) e os *nkices* (divindades da natureza). Os grupos iorubás, jeje e fon, todos do povo sudanês, trouxeram diversas tradições religiosas e cultos que foram muito assimilados. Dos iorubás herdamos o culto aos *orixás* e dos jeje herdamos os *voduns*.[123]

Para o Brasil também foram trazidos seguidores do monoteísmo, os que pertenciam a civilizações islamizadas, originárias do Tchad. Eram os malês, de diversos povos, especialmente *haussá, mandinga* e *peula*. Bastante desenvolvidos culturalmente, como muçulmanos sabiam ler e escrever em caracteres árabes. Também destacavam-se por um alto conceito de liberdade, tanto assim que promoveram grandes revoltas no Brasil colonial. São resquícios de seus costumes os turbantes, as saias rendadas, as chinelas, os panos nas costas das baianas.[124]

---

121 VERGER, Fatumbi Pierre. *Orixás: deuses yorubas na África e no Novo Mundo*. 5ª ed. (tradução de Maria Aparecida da Nóbrega) Salvador: Corrupio, 1997, pp. 22-25.
122 LAMPE, Armando. *Descubrir a Dios en el Caribe: Ensayos sobre la Historia de la Iglesia*. San José, Costa Rica: DEI, 1991, pp. 15, 19.
123 BASTIDE, R. *As religiões africanas no Brasil...*, op. cit.
124 *Ibid.*

III – ESPLENDOR DO SOL OU BRILHO DO OURO?

Dinhêro transforma tudo,
Dinhêro é quem leva e traz,
Eu nem quero nem dizê
Tudo o que dinhêro faz.
Apenas aqui eu conto
Que ele pra tudo tá pronto,
Ele é cabrêro e treidô,
É carrasco e é vingativo,
Só presta pra sê cativo,
Não presta pra sê senhô.

Patativa do Assaré[125]

Aqui nos voltamos para os habitantes da Ameríndia, atingidos por uma violência sem freios nos primórdios da colonização europeia. A missão, de improviso, sobrepõe-se ao doloroso choque entre dois diferentes estados de consciência: um é o dos povos nativos cujas civilizações urbanas atingiam grande esplendor. Com sua mentalidade mítica, intuitiva, comunitária, respeitosamente aberta à natureza e ao cosmo, estavam imbuídos do brilho da divindade solar; já outro é o estado de consciência dos europeus colonizadores, a cristianizar de modo improvisado e no paradoxo da ambição de riquezas.

Porém, contra a busca desenfreada do brilho do ouro posiciona-se um pequeno segmento de religiosos missionários, acusados de escandalosos por voltarem à questão da salvação eterna para os próprios cristãos colonizadores. Na sua perspectiva, buscamos entender os primeiros tempos da missão cristã numa ainda incipiente perspectiva dos direitos humanos, ou seja, na afirmação do estatuto antropológico dos nativos.

---

125 ASSARÉ, Patativa do. *Cante lá que eu canto cá: filosofia de um trovador nordestino*. 13ª ed. Petrópolis: Vozes, 2002, p. 48.

Povos do Sol

No tempo que coincide com o início da Era cristã estavam surgindo sociedades urbanas. Elas atingiram o auge do seu desenvolvimento antes da colonização europeia, chegando a ser altas culturas estatais, como define Schobinger.[126] León-Portilla as define como povos do sol.[127]

A cultura maia vinha desde o 3º milênio a.C. com influências de diversas culturas, como a olmeca, Monte Alban e Teotihuacán, entrou em sua época clássica acerca de 320 a.C. Localizados nas terras baixas de Chiapas e do Petén guatemalteco, os maias alcançaram grande expansão e construíram diversas cidades-estado. Ergueram palácios, organizaram um calendário sofisticado, faziam observações astronômicas, tinham uma hierarquia sacerdotal, construíram grandes pirâmides e estabeleceram um governo altamente aristocrático, em nome das divindades.[128]

Porém, esse antigo império teve um fim repentino. Após um tempo de dispersão pelas florestas, ergueu-se o novo império maia, com uma confederação de cidades, abrangendo o sudoeste do México, Guatemala, Belize, parte de Honduras e parte de El Salvador. Eram aproximadamente 28 etnias, com diferentes línguas. Mas, também o novo império foi destruído, cerca de um século antes da chegada dos espanhóis. E os astecas assimilaram grande parte da sua cultura.

Fascinado pelo mistério do tempo, o povo maia elaborou três calendários: o do sol; o de vênus e o ritual ou religioso. Calculou o início da sua era num marco que corresponde ao ano 3113 a.C. E era o único dos povos ameríndios a registrar data em seus monumentos. Erguia uma estela comemorativa a cada passagem de *katun* (20 *tun*, isto é, 20 anos) e realizava uma festa religiosa de grande esplendor a cada dois ciclos de 52 *tun* (104 anos), na coincidência de seus três calendários.[129]

---

126 SCHOBINGER, J. As religiões ameríndias, *op. cit.*, p. 51.
127 LEÓN-PORTILLA, M. *A conquista da América Latina...*, *op. cit.*, p. 87.
128 GIORDANI, M.C. *História da América Pré-Colombiana*, *op. cit.*, pp. 174-205. SCHOBINGER, J. As religiões ameríndias, *op. cit.*, pp. 51-54.
129 Segundo o calendário solar maia, cada *uinal* (mês) tem 20 *kin* (dia); um *tun* (ano) tem 18 *uinal* e mais 1 *uinal* curto e suplementar de 5 *kin*, considerados obscuros e nefastos e passados em preces e cultos religiosos. 20 *tun* completam 1 *katun* (7.200 dias), 20 *katun*

DEUSES EM GUERRA E PACTO

Conforme um testemunho de Chilam Balam de Chumayel, a conquista espanhola constituiu-se para eles numa tragédia, de alguma forma já prevista dentro da marcha inexorável do tempo:

> *Então tudo era bom e então (os deuses) foram abatidos. Havia neles sabedoria. Não havia então pecado. Não havia então enfermidade, não havia dor de ossos, não havia febre para eles, não havia varíolas. Retamente erguido ia seu corpo então. Não foi assim que fizeram os dzules quando chegaram aqui. Eles nos ensinaram o medo, vieram fazer as flores murchar. Para que sua flor vivesse, danificaram e engoliram nossa flor...*[130]

Outro importante império foi o dos astecas, que evoluíram muito em pouco tempo, graças à sua capacidade de adaptação e assimilação de outras culturas. Em sua origem, eles eram uma tribo bárbara de mexicas, na região de Aztlán, norte do México. Distinguiam-se por um forte espírito guerreiro, habitavam em cavernas e organizavam-se em clãs.[131]

A migração desses mexicas, a partir de 1168 a.C., teve um marcante caráter religioso. Eles partiram carregando nos ombros a efígie do seu deus tribal, chamado *Huitzilopochtli*, divindade solar à qual rendiam um culto de expressão própria, embora mesclado de elementos assimilados dos primitivos caçadores do norte e de outros povos agricultores. Era o seu deus do céu diurno, que aparecia em forma de colibri para aconselhar seu povo, e que aos poucos foi sendo transformado em deus da guerra.[132]

Não foi fácil aos astecas se assentarem na região central do México, sendo eles os últimos chegados ali. Era um ambiente de civilizações em radiante processo cultural, mas também de brutalidade. Assim, com engenhosidade e contatos pacíficos, tentaram primeiro se estabelecer como reinado, à maneira das dinastias vizinhas. Mas entraram em conflito

---

completam 1 *baktun*, e assim por diante. GIORDANI, M.C. *História da América pré-colombiana, op. cit.*, pp. 200-201.
130 LEÓN-PORTILLA, M. *A conquista da América Latina..., op. cit.*, p. 60. Os maias tinham os seus *chilan* (sábios). Chilam Balam de Chumayel foi um sábio profeta e filósofo, cantor da cidade de Mani, capital do povo *Tutul Xiu*. Ele anunciou a vinda dos espanhóis. Parte dos seus oráculos foi escrita por outros maias, que já haviam aceito o cristianismo, como se pode notar nas interpolações de ideias cristãs.
131 GIORDANI, M.C. *História da América pré-colombiana, op. cit.*, pp. 140-143.
132 DUSSEL, E. *Historia General..., op. cit.*, p. 143.

com Colhuacán. Então, tentaram ocupar as terras estéreis de Tizipán; dali refugiaram-se nas ilhotas da zona pantanosa, a oeste do grande lago Texcoco. Ali se estabeleceram, conscientes e orgulhosos de serem náhuatles e herdeiros dos toltecas. E fundaram *Tenochtitlán*, sua cidade principal, segundo sua tradição mítica:

> *[...] Foi lá que, em 1325, segundo a tradição, Huitzilopochtli falou ao grande sacerdote Cuauhcoatl (Serpente-Águia). Ele revelou-lhe que seu templo e suas cidades deviam ser construídas "no meio de juncos, entre as canas", sobre uma ilha rochosa, onde se veria "uma águia devorando alegremente uma serpente". Cuauhcoatl e os outros sacerdotes se puseram à procura do sinal prometido pelo oráculo: viram uma águia empoleirada num nopal (tenochtli), sustentando em seu bico uma serpente. É lá que foi edificada uma simples cabana de caniços, primeiro santuário de Huitzilopochtli e núcleo da futura cidade de Tenochtitlán.*[133]

Rapidamente passaram a influenciar toda a região e fizeram a civilização tolteca renascer. Organizaram-se numa espécie de teocracia superposta à sua tradicional democracia tribal: Os governantes recebiam as ordens do deus *Huitzilopochtli* através dos sacerdotes e um conselho de anciãos se reunia para debater questões importantes.

Mantendo como base cultural a herança dos toltecas, com sua arte e elevada filosofia, lançavam-se em conquistas e alianças com outros povos. Aliás, foi através de uma tríplice aliança entre *Tenochtitlán, Texcoco* e *Tlacopan,* que eles fundaram o seu grande império, em 1428 d.C.

Desse modo, foram povoando seu universo religioso de divindades e cultos assimilados de outros povos, inclusive daqueles por eles conquistados. Sua religião se complexificou, permeada de mitologias contraditórias, com deuses sanguinários junto a divindades pacíficas, rituais belos e puros ao lado de sacrifícios humanos. Formou-se um sacerdócio numeroso e ritualizado. E o império oficializou o culto a *Huitzilopochtli,* deus Sol, inspirador do espírito bélico e conquistador.

O princípio dual pautava a visão de mundo dos astecas. A dualidade criadora é o par primordial, *Ometecuchtli* e *Omecihuautli,*

---

[133] SOUSTELLE, J. *Os astecas, op. cit.*, pp. 18-19.

respectivamente Senhor e Senhora da dualidade, com seus quatro filhos: *Xipe Totec* (Sol levante), *Quetzalcóatl* (Sol poente), *Huitzilopochtli* (Sol triunfante) e *Tezcatlipoca* (Céu noturno). O sol é o coração do universo.

A narrativa mítica da criação do mundo que eles herdaram dos náhuatles fala dos "quatro sóis", ou quatro idades do mundo: o jaguar, do vento, da chuva, da água. Em todas essas idades o mundo pereceu em catástrofe e a humanidade foi ameaçada de acabar. Espera-se a era do quinto sol. E a permanência dos seres humanos, que são parte do universo, se deve a deuses que se sacrificaram por essa causa. Por isso, é dever das pessoas humanas darem continuamente o seu sangue para que o Sol prossiga no espaço e não as abrase, preservando assim a ordem cósmica.[134]

Note-se que esse caráter trágico da cosmovisão asteca explica a dramaticidade do seu culto, inclusive com uma intensificação dos sacrifícios humanos. Diante da realidade das ameaças das erupções vulcânicas, cresceu o culto ao fogo. No contexto das culturas agrárias, o dinamismo divino da dualidade explica a criação do mundo e a constante renovação da natureza. *Tezcatlipoca*, o deus jaguar, obscuro e destruidor, é tão necessário à vida quanto *Quetzalcóatl*, o deus serpente emplumada, radioso e benéfico.

Com um sistema-calendário feito de múltiplas heranças dos povos mesoamericanos, os astecas tinham uma sofisticada concepção do tempo, entendido como movimento. Basicamente, o tempo consistia na concatenação de dois ciclos de durações diferentes, que demarcavam a atuação dos deuses e dos seres humanos.[135] A cada ciclo de 52 anos eles ritualizavam a destruição e o recomeço de tudo.

Entretanto, a hegemonia da índole guerreira desse povo não impediu a continuidade de genuínas tradições e concepções toltecas. Foi o caso do rei de Tezcoco, *Nezahualcóyotl*, o mais conhecido dos tlamatines (sábios) náhuatles. Além da sua criatividade legislativa ele era um profundo conhecedor da tradição tolteca e se opôs à ideologia oficializada.

---

134 A narrativa desse mito pode ser lida em: SUESS, P. (Org.) *A conquista espiritual...*, op. cit., pp. 21-26.
135 SANTOS, E.N. *Deuses do México indígena...*, op. cit., p. 311.

Por isso, mandou que se construísse um templo dedicado a *Tloque Nahuaque*, "Aquele por quem vivemos", invisível e impalpável, sem rosto e sem histórias míticas.[136]

Nezahualcóyotl também fez uma coleção de poemas líricos em honra desse "senhor muito humano, muito misericordioso e protetor de todos". Inspirava-se nos temas da beleza da vida, do mundo, das flores e da morte inevitável. Os jovens astecas aprendiam de cor esses poemas, como também outros poemas, hinos e tradições históricas que estavam em livros.[137]

Ainda, entre os povos do sol, estava o grande império inca. Sua época imperial havia começado com o nono governante, Yupanqui, coroado em 1438 com o nome de Pachacuti. Em 1493 sucedeu-o Huayna Cápac, mas esse morreu inesperadamente em 1523. Seus filhos, Huáscar e Atahualpa, na luta pelo poder, lançaram-se numa guerra civil que terminou em 1532. A notícia da morte de Huáscar e vitória de Atahualpa chegou junto com a do desembarque do espanhol Pizarro com seu exército.[138]

A unidade do império, na grande extensão da Cordilheira dos Andes, era garantida pela interligação dos *caminos del incario*, que sempre convergiam em *Cuzco*, sua cidade principal, considerada "umbigo do mundo". E seu governante supremo, o Inca, era tido como deus, filho da divindade solar a quem chamavam Inti.

A religião dos incas, com seus xamãs, vinha de uma antiquíssima herança agrícola. Eles também foram assimilando os cultos dos povos que conquistavam. Hierarquizaram as divindades, estabelecendo como deus supremo *Inti*, o Sol, com sua esposa *Mama Quila*, a Lua. E oficializaram o sistema religioso dos *quéchuas*, de Cuzco.

Sua cosmovisão, longe de pautar-se numa harmonia de contrastes, realça a imprecisão e a contínua transformação do universo. O criador e pai comum é o Grande Dragão, monstro inspirado nos animais ferozes e que tem os poderes supremos da natureza. O Grande Dragão gerou o Sol e a Lua, que são irmãos e esposos ao mesmo tempo. Mas foi gerado por *Pacha*, o universo. E quem anima o universo é *Pachacamac*.

---

136 DUSSEL, E. *Historia General...*, op. cit., p. 146.
137 GIORDANI, M.C. *História da América pré-colombiana*, op. cit., p. 168.
138 DUSSEL, E. *Historia General...*, op. cit., pp. 151-152.

Os espanhóis colonizadores chamaram *Pachacamac* de demônio. Mas, a obra literária de um inca tornado cristão, Garcilaso de la Vega, explica como isso constituía um equívoco, pelo desconhecimento dos espanhóis a respeito da língua quéchua. *Pacha,* explica ele, é mundo universo, e *camac,* do verbo animar, pode ser traduzido por "alma". Assim *Pachacamac* é o que dá alma (vida) ao mundo universo. Os incas o veneravam como "aquele que dá vida ao universo e o sustenta", mas não ousavam pronunciar seu nome, não lhe faziam templos, nem lhe ofereciam sacrifícios, pois nunca o viram. E acrescenta: ao cultuar esse deus, os reis incas e seus filósofos "rastrearam com lume natural ao verdadeiro sumo Deus e Senhor nosso que criou o céu e a terra".[139]

Diferente da relação com *Inti,* a quem nomeavam a cada passo, com *Pachacamac* a adoração se fazia na intimidade do coração:

> *Tinham esse nome em tão grande veneração que não ousavam tomá-lo na boca, e quando lhes era forçoso pronunciá-lo, faziam-no com gestos e mostras de muito acatamento, encolhendo os ombros, inclinando a cabeça e todo o corpo, alçando os olhos ao céu e baixando-os para o solo, levantando as mãos abertas voltadas para os ombros, dando beijos para o ar, que entre os Incas e seus vassalos eram ostentações de suma adoração e reverência. Com essas demonstrações nomeavam ao Pachacamac, e adoravam ao Sol, e reverenciavam ao rei e nada mais...*[140]

De acordo com Schobinger, pode-se dizer que nossos ancestrais da *Abya Yala*, com a mentalidade intuitiva, comunitária, aberta à natureza e ao cosmo, entendiam toda a realidade visível como símbolo de uma realidade maior, da qual eles se viam dependentes. Sua mentalidade mítica constitui uma das grandes balizas na evolução cultural da humanidade. Por isso, o doloroso choque produzido pela conquista no século XVI não foi de "civilizados" contra "bárbaros", mas sim e essencialmente entre dois estados de consciência.[141]

---

139 LA VEGA, Garcilaso de. *O universo incaico / O inca Garcilaso de la Vega.* São Paulo: Educ/ Loyola/ Giordano Ltda., 1992, pp. 27-28.
140 *Ibid.*, p. 28.
141 SCHOBINGER, J. As religiões ameríndias, *op. cit.*, p. 36.

Febre do ouro

Colombo chegou a Cuba no dia 27 de outubro de 1492. Ele chamou a ilha de *Juana*.

O início da cristianização no Novo Mundo se deu na base do improviso, sob esse almirante descobridor que tinha uma indiscutível maestria como navegante, mas deixava a desejar como governador. Isso foi notório principalmente em relação à guerra civil que Roldán, o alcaide-mor, encabeçou na ilha logo após o descobrimento. Mas, a partir de sua segunda viagem, quando então foi rezada a primeira missa, Colombo insistia na necessidade da conversão dos "índios" ao cristianismo e da melhoria das suas condições de vida por meio de adequada colonização.[142]

Não se pode negar que houve consideráveis esforços missionários em todo o período colonial na América Latina. Dentre as ordens religiosas que atuaram, podemos lembrar as dos franciscanos, jesuítas, dominicanos, agostinianos, mercedários, carmelitas e também capuchinhos em missões ambulantes.[143]

Da parte dos espanhóis, a ocupação, conquista e cristianização teve como ponto de partida Santo Domingo, na ilha que eles denominaram *La Española*, atualmente Santo Domingo e Haiti.

Entretanto, a missão esteve no paradoxo da febre do ouro. É verdade que o ciclo do ouro, propriamente, só começaria com a conquista do México. No entanto, procurar ouro foi o primeiro empenho de Colombo, que só conseguiu levar para a Europa uma quantia muito modesta, mas isso bastou para inflamar as ambições dos conquistadores.[144]

Também da parte dos portugueses a febre do ouro traía a sempre afirmada intenção de dilatar a fé e o império. Pero Vaz de Caminha, em

---

[142] GALMÉS, Lorenzo. *Bartolomeu de Las Casas, defensor dos direitos humanos*. São Paulo: Paulinas, 1991, p. 31.
[143] HOORNAERT, E. *História do cristianismo...*, *op. cit.*, p. 162. Para entender os ciclos missionários são oportunos os textos de: DREHER, M.N. *A Igreja Latino-Americana...*, *op. cit.*, pp. 60-68; HOORNAERT, E. Os Movimentos Missionários, em: VV.AA. *História da igreja no Brasil: Ensaio e interpretação a partir do povo*. T. II/1, *op. cit.*, pp. 42-100.
[144] HOORNAERT, E. *História do cristianismo...*, *op. cit*, pp. 182-183.

sua carta ao rei,[145] diz-lhe que na falta de melhor coisa, Sua Majestade pode ao menos conquistar muitas almas. Por outro lado, relata como um dos pilotos, Alfonso Lopez, a mando do capitão Cabral, saiu para sondar o porto e aprisionou dois nativos, "mancebos e de bons corpos". À noite levou-os à Capitania diante de Cabral, que estava sentado numa cadeira de espaldar alto, em meio a tochas acesas, com alcatifa nos pés e um grande colar de ouro no pescoço.

É interessante a interpretação que Caminha faz dos gestos dos pobres nativos aprisionados. Mesmo não demonstrando interesse algum em falar com o capitão e não fazendo nenhum sinal de cortesia,

> um deles fitou o colar do Capitão, e começou a fazer acenos com a mão em direção à terra, e depois para o colar, como se quisesse dizer-nos que havia ouro na terra. E também olhou para um castiçal de prata e assim mesmo acenava para a terra e novamente para o castiçal, como se lá também houvesse prata.

A respeito dessa mentira, Ariano Suassuna observa com boa ironia que os nativos desconheciam o valor do ouro para os portugueses e que, além disso, se algum deles tivesse visto ouro aflorando, não seria do litoral, mas do interior.[146]

O povoamento da terra de Santa Cruz demorou a se iniciar. A terra ficou entregue aos portugueses aventureiros, mercadores e cristãos novos, além de estrangeiros como ingleses, bretões e normandos, enquanto os poucos barcos enviados de Portugal para lá retornavam não com ouro e prata, mas com papagaios e frutos curiosos. Tudo girava em torno das feitorias, casas de madeira próximas ao oceano, que serviam de entreposto de mercadorias e local para as tropas. Mas, com a descoberta do pau-brasil, os interesses comerciais fizeram o nome religioso da colônia mudar para Brasil.[147]

A exploração desmedida, violenta e predatória da terra intensificou-se. O pau cor-de-brasa fornecia uma riqueza abundante e tão lucrativa

---

145 CASTRO, Silvio. *A carta de Pero Vaz de Caminha: O descobrimento do Brasil*. Porto Alegre: L&PM/ História, 1985, p. 91.
146 SUASSUNA, Ariano. *Aula magna*. João Pessoa: Editora Universitária da UFPB, 1994.
147 BASTIDE, R. *Brasil: Terra de contrastes, op. cit.*, p. 20.

que sua exploração fez a nova terra logo transformar-se num braseiro. E os primitivos habitantes foram transformados em "brasileiros", isto é, trabalhadores do pau-brasil, conforme essa afirmação: "No Brasil, primitivamente só havia uma profissão: a de 'brasileiro'. Depois apareceu a de pedreiro, carpinteiro, mestre de açúcar".[148]

A atividade missionária no contexto das violências dos primórdios da colonização espanhola conta com importantes registros feitos por um missionário, ao qual já fizemos alusão, e que também atuou como historiador: Bartolomeu de Las Casas.[149]

Ele era espanhol, de Sevilha, filho de um comerciante. Aos 9 anos de idade viu o almirante Colombo desfilando triunfante pelas ruas de sua cidade, na volta da primeira viagem. Presenciou a partida de seu pai e tio na segunda viagem de Colombo, bem como o seu regresso contando vantagens. Foi nesse clima de religião misturada com as expectativas de colonizar, escravizar e achar muito ouro, que o menino preparou-se para ser doutrineiro nas "Índias Ocidentais" e recebeu as ordens menores.[150]

Colombo começou o processo de povoamento na ilha de Quisqueya, no dia 27 de novembro de 1493, com uma expedição de 300 voluntários de todo tipo, entre fidalgos, artesãos e lavradores. Os nativos dali, que eram do povo taíno, sofreram todo tipo de violência,[151] como testemunharia depois Las Casas:

---

148 SOUZA, Bernardino José de. *O pau-brasil na história nacional*. São Paulo: Companhia Editora Nacional, 1939.
149 Logo após sua morte, suas obras publicadas e manuscritos foram confiscados e guardados no convento de Valadolid, na Espanha. A Inquisição espanhola, em 1660, colocou no Índice dos livros proibidos sua *Brevíssima Relação da Destruição das Índias*. Seguiu-se um longo tempo de recalque à sua figura e mensagem até à redescoberta, no século XX. JOSAPHAT, Carlos. *Las Casas: Deus no outro, no social e na luta*. São Paulo: Paulus, 2005, p. 8. Os escritos de Bartolomeu de Las Casas estão em *Obras Escogidas*, 5 vols. Madri: Biblioteca de Autores Españoles, 1957-1958. Os tomos I e II contêm a *Historia de las Indias*; III e IV, a *Apologetica Historia*; no V há uma seleção de escritos. Também são obras de Las Casas: *Apología*. Madri: Editora Nacional, 1974; *Tesoros del Perú*. Madri: CSIC, 1958. Sua obra básica, *O único modo de atrair todos os povos à verdadeira religião*, foi publicada pela primeira vez em 1942, no México, pela editora Fondo de Cultura Econômica. Pode-se ler em: LAS CASAS, Frei Bartolomeu. *Único modo de atrair todos os povos à verdadeira religião*. (Obras Completas, I). São Paulo: Paulus, 2005.
150 Conforme a biografia escrita por JOSAPHAT, C. *Las Casas: Deus no outro...*, *op. cit.*, p. 16.
151 RODRÍGUEZ LEÓN, M.A. A invasão e a evangelização na América Latina..., *op. cit.*, p. 70.

> *Os cristãos davam-lhes bofetadas, punhaladas e pauladas, até lançar mão dos senhores dos povoados. E chegou a tal temeridade e sem-vergonhice, que um capitão cristão violou forçando a própria mulher do maior rei, senhor de toda a ilha. Daí os índios começaram a buscar maneiras para lançar fora os cristãos de suas terras.[152]*

Podemos imaginar esse ambiente de conquistadores aventureiros, ávidos de riqueza fácil, no concubinato com mulheres nativas e na ausência de regras. Os nativos começavam a se rebelar e quase sempre acabavam massacrados pelos espanhóis. A Corte da Espanha entendia que o estilo da família Colombo era de falta de autoridade, tendências escravagistas e desmedida ânsia de domínio; assim, enviou frei Nicolás de Ovando como governador e suprema justiça das "Índias", enquanto suprimia a autoridade de Colombo, embora respeitando seus títulos e honras.[153]

O jovem Las Casas, com 18 anos, partiu de Sevilha com seu pai. Viajaram em companhia do novo governador Ovando e de cerca de 2.500 colonos, chegando ao Caribe em 15 de abril de 1502.[154]

No ano seguinte foi legalizado na América Espanhola o sistema da *encomienda*, na repartição das terras. Era uma instituição social e econômica dentro da organização colonial, que consistia em: *repartimiento* ou separação de "índios" feita pela Coroa, para um espanhol benemérito; fixação de um tributo que esse grupo de "índios" encomendados devia ao seu senhor como cessão de encargo fiscal devido ao rei; obrigação do beneficiário de prover o bem-estar temporal e espiritual desses "índios", como seus perpétuos encomendados. A esse sistema estava estreitamente vinculada a *mita*, que consistia em confiscar "índios" confiados aos encomendeiros para o trabalho forçado na mineração.[155]

Isenta do pagamento de tributo à Coroa, essa prática logo tornou-se hereditária e os encomendeiros ficaram como beneficiários dos trabalhos

---

152 LAS CASAS, Frei Bartolomeu de. *Brevíssima Relación de la Destrucción de las Índias*. Madri: Alianza Editorial, 1985, p. 72.
153 GALMÉS, L. *Bartolomeu de Las Casas...*, op. cit., p. 31.
154 SUESS, P. (Org.) *A conquista espiritual...*, op. cit., p. 645.
155 KONETZKE, Richard. *América Latina: La Época Colonial*. México: Siglo XXI, 1971, pp. 184-186.

forçados dos nativos.[156] Além disso, contradições nas disposições da Coroa davam brecha a uma violência sem freios. Instruções ao governador Ovando haviam proibido que os nativos fossem escravizados ou submetidos à servidão e que seus bens fossem tomados. Porém, só poucos meses depois, a mesma Coroa ordenava que eles fossem incitados a trabalhar, pois os reis haviam sido informados de que:

> *Por causa da muita liberdade que os índios têm, eles fogem e se afastam da convivência e da comunicação com os cristãos, de maneira que, mesmo querendo-se pagar seus salários, não querem trabalhar e vivem como vagabundos.*[157]

No entanto, em meio ao clima de brigas entre os colonos, em 1509, Ovando foi substituído em seu cargo de governador por Diego Colombo. O prestígio desse não era por ser filho do almirante descobridor, mas por ter se casado com a sobrinha do duque de Alba, Maria de Toledo. Diego Colombo manteve o bom relacionamento que já havia entre sua família e a família Las Casas. Assim, deu ao clérigo doutrineiro uma propriedade de terra com *repartimiento* de "índios" nas margens do Janique, comarca de Ciboa, perto da cidade de Concepción de la Vega. Ali Las Casas conciliava seu ofício de catequizador com o afã de tirar o maior proveito da terra, e até conseguiu extrair algum ouro.[158]

Las Casas partiu para Roma em 1507. Foi ordenado sacerdote na Europa, não sabemos onde nem em que ano. De regresso a Concepción de la Vega, conforme seu próprio relato, cantou sua primeira missa solene, que era também a primeira missa cantada da América.[159] E em janeiro de 1513 partiu com Pánfilo de Narváez para a segunda etapa da sangrenta conquista de Cuba.

---

156 SANTOS, E. N. *Deuses do México indígena*, op. cit., p.114.
157 GUTIÉRREZ, G. *Deus ou o ouro...*, op. cit., pp. 23-24. O segundo documento é: real provisão sobre os vícios causados pelo excesso de liberdade e sobre o serviço obrigatório dos índios aos cristãos, 20 de dezembro de 1503, em: KONETZKE, R. *Collección de Documentos para la Historia de la Formación Social de Hispanoamérica*. Madri: CSIC, 1953, vol. 1, p. 16s. Também em: SUESS, P. (Org.) *A conquista espiritual...*, op. cit., p. 652.
158 GALMÉS, L. *Bartolomeu de Las Casas...*, op. cit., p. 35.
159 LAS CASAS, Bartolomeu de. *História das Índias*, tomo 2, cap. 54.

Uma primeira etapa da conquista de Cuba havia sido sob a direção de Diego Velázques, que ali chegou em 1510 com cerca de 300 homens. Atacaram primeiro Guantánamo, onde enfrentaram a resistência dos nativos, liderados pelo cacique Hatuey, que haviam fugido de *La Española* por causa da violência. Derrotados os nativos, Velázques partiu para a parte oriental da ilha. Ali, sob o comando de Francisco Morales e Pânfilo de Narváez, a violência e crueldade foram tais que os nativos se rebelaram, mas os espanhóis ocuparam as regiões de Maniabón e Bayamo. Na terceira etapa, fizeram a ocupação total de Cuba.

Las Casas, que dera apoio aos colonos em várias expedições conquistadoras, notadamente no massacre contra os tainos, ao mesmo tempo cumpria sua função de doutrineiro numa igreja de palha, em seu *repartimiento* próximo a Concepción de la veja.[160]

Como ele mesmo escreveu em sua autobiografia,[161] tornou-se um padre encomendeiro, cúmplice da conquista por 12 anos, ocupado e solícito como os demais colonos em procurar ouro e fazer todo tipo de "granjerias", à custa do trabalho dos seus "índios" encomendados. Enquanto isso, a população nativa tinha um alarmante decréscimo, em meio aos maus-tratos, submetidos a trabalhos forçados, fome, epidemias disseminadas pelos espanhóis, soltura de gado em suas plantações e êxodo forçado para outras ilhas.

Em contrapartida, crescia o aparelhamento da cristandade católica. Em 1511, o Papa Júlio II estabeleceu as dioceses de Porto Rico, Santo Domingo e Concepción de la Vega, todas sufragâneas da sede episcopal de Sevilha. O bispado de Cuba foi erigido em 1517.[162]

Note-se que o primeiro bispo da América foi o de Porto Rico, Alonso Manso. Além de omitir-se na defesa da liberdade dos nativos, bem cedo ele introduziu ali escravos negros, procedentes de *La Española*. Ele, que a partir de 1519 pode ostentar o título de Inquisidor Geral das Índias, tinha muitos escravos a seu serviço.[163]

---

160 GALMÉS, L. *Bartolomeu de Las Casas...*, op. cit., p. 34.
161 A autobiografia de Las Casas está em sua obra *Historia de las Índias*, vol. 3, capítulo 79.
162 RODRÍGUEZ LEÓN, M.A. A invasão e a evangelização..., op. cit., p. 73.
163 *Ibid.*, pp. 73-74.

Os povos nativos do Caribe, num conglomerado de clãs e tribos, tinham suas culturas primitivas. Moviam-se entre as ilhas com pequenas pirogas e instrumentos engenhosos de navegação. Falavam línguas bastante diversas e não tinham uma organização política. Por serem vegetarianos e enfrentarem escassez de alimento, as mães tinham que amamentar seus filhos até aos cinco ou seis anos de idade; consequentemente, a natalidade era bastante baixa. Além disso tudo, a chegada dos espanhóis os fez contrair enfermidades, como tuberculose e sífilis.[164]

Nessa situação de violência insuportável e rápido genocídio, o cacique Hatuey convenceu-se de que o grande Senhor dos cristãos era o ouro.[165]

Diante da iminência da chegada das tropas de Velázquez a Cuba, Hatuey falou ao seu povo. Lembrou os crimes e massacres cometidos por aqueles cristãos contra os povos de toda a região, de modo que eles mesmos, se não houvessem fugido, já estariam mortos e seu povo se teria acabado. Perguntou se sabiam o motivo e a finalidade de todas aquelas perseguições, ao que seu povo respondeu: "Porque são cruéis e maus". Porém, era outro o motivo, explicou Hatuey: "Porque têm um senhor grande a quem muito querem e amam, e eu vo-lo mostrarei". O cacique mostrou uma pequena cesta coberta, que continha ouro, e disse:

Aqui vedes seu senhor, a quem servem e querem muito e para o qual existem; para ter esse senhor nos angustiam; por ele nos perseguem; por ele mataram nossos pais e irmãos e toda a nossa gente e nossos vizinhos, e nos privaram de todos os nossos bens, e por ele nos procuram e maltratam; e porque, como tendes ouvido, já querem passar para cá, e não pretendem outra coisa senão buscar esse senhor, e para buscá-lo e tirá-lo hão de se esforçar por nos perseguir e fatigar, como fizeram em nossa terra de antes, por isso, façamos aqui festas e bailes, para que, quando chegarem, lhes diga e lhes mande que não nos façam mal.

---

[164] DUSSEL, Enrique. *Caminhos de libertação latino-americana: Interpretação histórico-teológica.* T.I. São Paulo: Paulinas, 1984, pp. 62-63.
[165] Discurso do cacique Hatuey ao seu povo frente à conquista Iminente de Cuba por Diego Velázquez: o grande senhor dos cristãos é o ouro, em: SUESS, P. (Org.) *A conquista espiritual...*, *op. cit.*, pp. 80-83. O episódio e o discurso de Hatuey foram documentados por Las Casas.

Todos concordaram. Passaram toda a noite em ritual religioso diante da cestinha de ouro, com danças, festas, cantos, até se cansarem. Hatuey lhes falou novamente:

> *Olhai, apesar de tudo o que disse, não guardemos esse senhor dos cristãos em nenhuma parte, porque mesmo que o tenhamos nas tripas no-lo hão de tirar; por isso, joguemo-lo nesse rio, debaixo da água, e não saberão onde está.*

Seguiu-se uma caçada dos espanhóis que, depois de atormentarem a muitos da tribo com prisão e torturas, conseguiram descobrir onde estava o cacique Hatuey. Aprisionaram-no como o maior criminoso, despojaram-no de tudo e o condenaram a ser queimado vivo. Las Casas acrescenta um detalhe interessante:

> *[...] Para que a justiça divina não vingasse a sua injusta morte, mas que a esquecesse, ocorreu nela uma famosa e lamentável circunstância: quando queriam queimá-lo, estando atado ao pau, um religioso de São Francisco lhe disse como melhor pode, que morresse cristão e se batizasse...*

Mas, o cacique perguntou ao franciscano para que teria de ser como os cristãos, que eram maus. "Porque os que morrem cristãos vão para o céu e ali estão vendo sempre a Deus e descansando", respondeu o padre.

Para certificar-se, novamente o cacique perguntou se os cristãos iam para o céu. E, diante da resposta do padre, de que os bons cristãos, sim, iriam para o céu, tomou sua decisão: não queria ir para esse lugar onde os cristãos também estariam. Imediatamente puseram fogo à lenha e o queimaram vivo. E a narrativa de Las Casas termina com uma explicação: o que ocorreu não foi uma recusa do cacique em ir para o céu, mas uma conclusão tirada por ele de que o céu não podia ser bom lugar, pois era a eterna morada de homens tão maus.

É importante observar que toda a dança ritual desses nativos ao redor da cestinha de ouro, longe de ser uma ironia, seguiu o caráter animista e xamanístico da sua religião. Para salvarem sua vida, teriam que aplacar a fúria do espírito do ouro e controlá-lo.

Cristãos em pecado mortal

No entendimento dos colonizadores, a condição primeira para converter os nativos à fé e à vida cristã era reduzi-los ao seu modo europeu de vida. Para isso, tinham que impor "remédio" à dispersão dos naturais agrupando-os em povoados. Já em 1503 a Coroa espanhola enviou as primeiras instruções legais aos governadores e oficiais das "Índias Ocidentais" com referência à concentração dos nativos em povoados.[166]

Entretanto, um segmento de frades dominicanos lançou-se na missão de defender os nativos da violência dos cristãos. Esses missionários ousaram inverter a questão da salvação. Ao invés de insistir na salvação da alma dos "naturais", como estava na lógica do sistema colonizador, eles disseram que eram os cristãos quem estavam em perigo de não se salvarem. Ousaram denunciar o pecado dos cristãos violentos e ambiciosos e atuar na defesa da vida dos nativos.

Os primeiros quatro frades chegaram à ilha Espanhola em setembro de 1510 e, no ano seguinte, chegaram outros quatorze. Sua tentativa era a de fazer uma cristianização sem violência. Porém, era enorme a dificuldade de aproximação com os nativos sobreviventes, que viam os espanhóis como sinônimo de morte, escravidão e violências múltiplas. Contudo, essa fase de implantação dominicana na América foi também a do surgimento da polêmica dos direitos naturais das populações nativas perante os direitos do domínio espanhol.[167]

O episódio que desencadeou publicamente essa polêmica, chamado por Gutiérrez de "o grito da Espanhola",[168] ficou conhecido como "Sermão de Montesinos". A narrativa é de Las Casas.[169]

---

166 As primeiras instruções reais datam de 20 e 29 de março de 1503. As mesmas instruções foram renovadas em março de 1509, dirigidas a Diego Colombo, filho e herdeiro do almirante Cristóvão Colombo. DURÁN ESTRAGÓ, M. As reduções, *op. cit.*, p. 514.
167 SANTOS, E.N. *Deuses do México indígena...*, *op. cit.*, pp. 142-143.
168 GUTIÉRREZ, G. *Deus ou o ouro...*, *op. cit.*, p. 25.
169 LAS CASAS, Bartolomeu de. *Historia de Las Índias*, vol. 3, capítulos 4 e 5. O Sermão de Montesinos também pode ser lido em: SUESS, P. (Org.) *A conquista espiritual...*, *op. cit.*, pp. 407-410.

Aqueles dominicanos decidiram falar publicamente "depois de se encomendarem a Deus". Conscientes da gravidade do assunto, elaboraram conjuntamente e todos assinaram aquele sermão, que se dirigia aos espanhóis encomendeiros e foi pronunciado por frei Antônio de Montesinos, no terceiro domingo do Advento de 1511, diante de todos os notáveis da ilha, inclusive do almirante Diego Colombo:

> *Para vo-lo dar a conhecer, subi aqui, eu que sou voz de Cristo no deserto dessa ilha, e por isso convém que com atenção, não qualquer, mas com todo o vosso coração e com todos os vossos sentidos, a ouçais; a qual será a maior nova que jamais ouvistes, a mais áspera e dura, a mais espantosa e perigosa que jamais imaginastes ouvir...*[170]

Num claro contraste com a condição social e econômica dos senhores encomendeiros, aqueles dominicanos haviam se alojado numa cabana oferecida pelo bom cristão Pedro Lumbreras, na extremidade de um curral seu. Dele também recebiam para comer "*cazabi* de raízes, que é pão de muita pouca substância quando comido sem carne ou pescado".[171]

O sermão repercutiu na Espanha como escandaloso porque trouxe a questão da salvação de modo invertido, em relação à lógica dos colonizadores. Questionava a salvação eterna daqueles cristãos, bem como sua razão, direito e lucro. Para os missionários, escandalosa era a horrível servidão e os excessivos trabalhos impostos aos nativos, além das guerras e do extermínio.[172]

Está certo que aqueles pregadores da Ordem de São Domingos também apontavam aos encomendeiros os remédios: ter pleno reconhecimento do estatuto antropológico e da racionalidade do nativo e praticar a justiça. Mas, sua "doutrina nova" era implacável:

---

170 SUESS, P. (Org.) *A conquista espiritual...*, op. cit., p. 407.
171 Essa descrição feita por Las Casas está em: *Obras Escogidas,* II., *op. cit.,* 133b. Cf. GUTIÉRREZ, G. *Deus ou o ouro...*, *op. cit.*, p. 24, nota de rodapé 9.
172 SUESS, P. Liberdade e Servidão: Missionários, juristas e teólogos espanhóis do século XVI frente à causa indígena, em: Id. (Org.). *Queimada e semeadura: Da conquista espiritual ao descobrimento de uma nova evangelização*. Petrópolis: Vozes, 1988, pp. 25-28.

> *Todos vós estais em pecado mortal e nele viveis e morreis, por causa da crueldade e da tirania que usais com essa gente inocente. Dizei: Com que direito e com que justiça tendes em tão cruel e horrível servidão esses índios? Com que autoridade fizestes tão detestáveis guerras a essa gente, mansas e pacíficas, que estavam em suas terras, onde tão infinitas delas, com morte e estragos nunca ouvidos, fizestes desaparecer? Como as tendes tão oprimidas e fatigadas, sem dar-lhes de comer nem cuidar delas em suas enfermidades, nas quais incorrem pelos excessivos trabalhos que lhes impondes, e morrem, ou, para melhor dizer, as matais, para extraírem ouro e o ajuntardes cada dia? E que cuidado tendes para que elas sejam doutrinadas e conheçam seu Deus e Criador, sejam batizadas, ouçam missa e guardem as festas e domingos? Eles não são homens? Não têm almas racionais? Não sois obrigados a amá-los como a vós mesmos? Não entendeis isso? Não sentis isso? Tendes por certo que no estado em que vos achais não vos podeis salvar, não mais que os mouros ou turcos, que não têm e não querem a fé em Jesus Cristo...*[173]

Aquele sermão não converteu nenhum dos colonos, comenta Las Casas. Pelo contrário, enfurecidos, eles exigiram retratação dos frades e os intimidaram. A perseguição por parte dos notáveis se lançou especialmente contra Montesinos, acusado de ser um homem escandaloso e semeador de "doutrina nova, nunca ouvida", que teria condenado a todos e falado contra o rei e seu representante.

Os frades foram corajosos ao persistir naquela pregação, diante de todo tipo de posições contrárias. O rei Fernando V, o Católico, reagiu com indignação e ameaças, através de uma carta enviada a Diego Colombo, dizendo que o discurso de Montesinos não tinha "nenhum bom fundamento em teologia, nem nos cânones, nem em leis, segundo dizem todos os letrados.[174] E o próprio superior provincial dos dominicanos, Alfonso de Loaisa, dias depois enviou duas cartas àqueles frades. Dizia que aquela pregação estava levando "toda a Índia a rebelar-se", concordava com o direito de guerra dos espanhóis contra os indígenas, discorria sobre a razão da sua servidão e exigia, "sob santa obediência e a pena de excomunhão", o silêncio obsequioso da comunidade.[175]

---

173   *Ibid.*
174   Carta de Burgos, escrita a 20 de março de 1512. Cf. GUTIÉRREZ, G. *Deus ou o ouro...*, *op. cit.*, pp. 32- 33.
175   A carta de Alfonso de Loaisa, de 6 de março de 1512, pode ser lida em: SUESS, P. (Org.) *A conquista espiritual..., op. cit.*, p. 411. A outra carta, datada de 23 de março, tinha um conteúdo

A mando do rei da Espanha, constituiu-se a Junta de Burgos, composta por conselheiros reais, juristas e teólogos. A Junta elaborou sete Proposições, que serviram de base para a confecção das *Leis de Burgos*. Porém, nas Proposições e nas *Leis de Burgos* permaneceu a contradição entre a liberdade dos nativos e a exigência de trabalho forçado. Além disso, o preâmbulo dessas leis declarava os nativos "por natureza inclinados à ociosidade e maus vícios", reforçando que eles eram "sem nenhuma virtude ou doutrina".[176]

Dessa maneira, a primeira lei indigenista exigia o deslocamento dos nativos para os povoados dos espanhóis, estabelecendo as reduções como método fundamental de colonização. E confirmava a *encomienda*. Pedro de Córdoba, o superior da comunidade dominicana de Cuba, viu nessas leis "a perdição dos índios" e espantou-se em saber que haviam sido feitas por pessoas tão renomadas e de tamanha autoridade. Sua intervenção conseguiu que fossem anexadas quatro "moderações", com medidas de proteção aos nativos.[177]

Las Casas viveu uma fase de profunda reflexão e mudou radicalmente de atitude, passando de encomendeiro a defensor invicto dos nativos. Segundo sua autobiografia, em abril de 1514 ele estudava os sermões da Páscoa que havia feito em anos passados e se pôs a refletir, influenciado pelo testemunho dos dominicanos e impactado ao ler um texto da Sagrada Escritura, no livro do Eclesiástico:

> *Sacrificar um bem mal adquirido é oblação de escárnio, os dons dos maus não são agradáveis. O Altíssimo não se agrada com as oferendas dos ímpios e nem é pela abundância das vítimas que ele perdoa os pecados. Como o que imola o filho na presença de seu pai, assim é o que oferece um sacrifício com os bens dos pobres. Escasso alimento é o sustento do pobre, quem dele o priva é um homem sanguinário. Mata o próximo o que lhe tira o sustento, derrama o sangue o que priva do salário o diarista.* (Eclo 34,18-22)[178]

---

quase idêntico.
176 Ordenanças para o tratamento legal dos índios inclinados à ociosidade e aos maus vícios: As Leis de Burgos, em: SUESS, P. (Org.) *A conquista espiritual...*, op. cit., pp. 657-671. Cf. contexto, *ibid.*, p. 672.
177 Conforme LAS CASAS, *Historia de las Índias*, vol. 3, capítulo 17.
178 Essa é a versão reproduzida pelo próprio Las Casas em sua autobiografia, na *Historia de las Índias*, vol. 3, capítulo 79. Cf. GUTIÉRREZ, G. *Deus ou o ouro...*, op. cit., pp. 131-132.

Dali em diante, ele tomou incondicionalmente o partido dos nativos, declarando sempre o seu estatuto humano. Começou por abrir mão de seu *repartimiento* e libertar seus encomendados, pondo-os nas mãos do governador Diego Velázquez, que se negou a aceitar a renúncia e quis dar-lhe quinze dias para pensar. Porém, ele recusou o prazo e logo depois, num sermão no dia 15 de agosto de 1514, falou aos encomendeiros que eles não podiam alcançar a salvação escravizando os "índios" e que também eles deviam restitui-los.[179] Nesse mesmo ano foi à Espanha e lá apresentou à Corte um memorial em defesa do "índio".

Era uma conversão total e definitiva, sempre na ponderação dos pesados acontecimentos que oprimiam os nativos e no acatamento do bom exemplo dos seus amigos dominicanos, como ele não se cansaria de reconhecer. Por toda a vida ele se dedicou a um projeto de cristianização pacífica, cujo método era o da persuasão e exemplo de vida, através do diálogo e jamais usando de imposição e violência. Ao mesmo tempo, introduzia os nativos no sistema de trabalho europeu, com pagamento de um pequeno tributo à Coroa espanhola.[180]

Em 1519 Las Casas conseguiu a aprovação real do seu projeto de fundar povoados de "índios" livres. No ano seguinte, levou a termo um primeiro ensaio, na região de Cumaná, Venezuela. Atuava em grupo, com Pedro de Córdoba e Antonio de Montesinos. Porém, diante da oposição dos encomendeiros de Santo Domingo, os nativos acabaram por se revoltar, atacando o próprio centro da missão. Essa, durou apenas dois anos.[181] Por outro lado, a equipe de Las Casas conseguiu sensibilizar as autoridades da Espanha e obteve apoio do cardeal Jiménez de Cisneros. Porém, era difícil superar a barreira cultural e fazer-se entender pelos nativos.[182]

Em outras versões da bíblia o texto pode ser encontrado em Eclesiástico 34, 21-27. Para os teólogos e mestres espirituais, a mensagem desse texto, como um simples "exercício espiritual", se referia à pureza e à justiça como disposição preparatória para se aproximar do santo altar. Porém, Las Casas sentiu-se tocado pelas exigências de justiça e fraternidade. Cf. JOSAPHAT, C. *Las Casas..., op. cit.*, p. 24.
179 GUTIÉRREZ, G. *Deus ou o ouro..., op. cit.*, pp. 139-140.
180 LAS CASAS, B. Único *modo..., op. cit.*
181 DURÁN ESTRAGÓ, M. As reduções, *op. cit.*, p. 516.
182 HOORNAERT, E. *História do cristianismo...op. cit.*, pp. 173-174.

Os padres jerônimos haviam recebido instruções da Coroa da Espanha em 1516, no sentido de concentrar os nativos em aldeias ou povoados a fim de "civilizá-los" e cristianizá-los.[183]

Assim, atendendo ao pedido do Cardeal Cisneros de que elaborasse um plano de reforma, Las Casas montou uma equipe de governo constituída por três monges jerônimos, os quais chamariam colonizadores e caciques indígenas. Juntos se empenhariam na suspensão das *encomiendas*. Os nativos ficariam livres em suas aldeias e um terço deles seria temporariamente requisitado para o trabalho nas minas, numa espécie de sistema de repartição. E suas aldeias receberiam uma parte do lucro dessas repartições.[184]

Porém, quando os jerônimos foram a Santo Domingo com Las Casas e Córdoba para executarem o plano, em 1516, o clima era de revolta, por causa do rápido extermínio dos nativos, astúcia e cobiça dos espanhóis e imposição do batismo para os que iam morrer. Os dominicanos afirmavam que Deus era mais servido por "índios" pagãos vivos do que por "índios" cristãos mortos. Nessa situação caótica, faltou firmeza aos padres jerônimos. E a missão fracassou.[185]

Durante essa tentativa de administração pelos padres jerônimos, Las Casas chegou a sugerir que fossem comprados escravos negros para livrar da escravidão os nativos. Em sua visão um tanto idílica, não se havia dado conta de que o direito dos negros era idêntico ao dos seus "índios", mas tomou consciência disso mais tarde e se arrependeu amargamente, ao ouvir que os portugueses prendiam seres humanos da África e os transformavam em escravos, contrariando todo o direito.[186]

Para perpetuar a obra do amigo Pedro de Córdoba, que faleceu de tuberculose em 1521, Las Casas ingressou formalmente na Ordem dos Pregadores (dominicanos).[187] Pronunciou seus votos em dezembro de 1523. Por dez anos viveu retirado, dedicado aos estudos históricos e teológicos e a escrever textos e cartas.

---

183 DURÁN ESTRAGÓ, M. As reduções, *op. cit.*, pp. 514-515.
184 HOORNAERT, E. *História do cristianismo...*, *op. cit.*, p. 176.
185 *Ibid.*, pp. 176-177.
186 Las Casas escreveu isso em *Historia de las Índias*.
187 HOORNAERT, E. *História do cristianismo...*, *op. cit.*, p. 177.

Em 1524, o dominicano Garcia de Loaisa tornou-se presidente do Conselho das Índias e assim passou a atuar junto à Corte a favor da causa defendida por Las Casas. Fruto desse esforço foram as Leis Novas, assinadas pelo rei Carlos V, que avançavam na compreensão jurídica da questão indígena: preveniam contra a corrupção dos conselheiros, proibiam a *encomienda* e a escravização dos nativos, previam castigos para os que os maltratassem e isentavam-nos de tributos para que eles pudessem se multiplicar e ser instruídos na fé católica.[188]

Nesse sentido ia a bula *Sublimis Deus,* que o Papa Paulo 3 publicou em 1537, por insistência de outro dominicano, Bernardino de Minaya:

> *[...] Nós, com autoridade apostólica, pela presente Carta decretamos e declaramos: os ditos índios e todos os demais povos que no futuro vierem ao conhecimento dos cristãos, embora vivam fora da fé de Cristo, não são nem deverão ser privados de liberdade e de propriedade de bens. Pelo contrário, podem livre e licitamente usar, possuir e gozar de tal liberdade e propriedade, e não poderão ser reduzidos à escravidão [...]; e que os ditos índios e os outros povos deverão ser atraídos à fé de Cristo pela pregação da palavra de Deus e pelo exemplo de uma vida correta...*[189]

Infelizmente, essa bula teve divulgação precária na América espanhola e foi proibida de ser divulgada na América portuguesa,[190] enquanto a legislação ia em ziguezague. Ademais, em novembro de 1545 uma Cédula Real retirou das Leis Novas partes essenciais que davam proteção aos nativos. A favor deles só restaram medidas paternalistas de proteção, na dependência de conjunturas e debates na Europa.

O apogeu da polêmica desencadeada pelo "sermão escandaloso" se deu na famosa controvérsia entre Las Casas e Sepúlveda, em Valladolid, Espanha, em 1547 e 1548.

João Ginés de Sepúlveda, uma espécie de cronista da corte, era destacado mestre da historiografia e grande conhecedor de Aristóteles.

---

[188] Leis e Ordenanças novamente feitas por S.M. para o governo das Índias e o bom tratamento e a conservação dos índios, 1542/1543, em: SUESS, P. (Org.) *A conquista espiritual..., op. cit.*, pp. 727-741.
[189] Ver na íntegra a bula *Sublimis Deus*, em: *Ibid.*, pp. 273-275.
[190] *Ibid.*, p. 275.

Defendia o direito dos colonizadores cristãos de reduzir os "infiéis", guerreá-los e escravizá-los para implantar o cristianismo nas terras "selvagens" do Novo Mundo. Sincero e leal às próprias convicções, longe de considerar a natureza humana dos nativos, só levava em conta suas condições culturais e históricas, chegando a professar a desigualdade entre os seres humanos.[191]

Contudo, foi oportuna para a réplica lascasiana uma carta de retratação escrita por frei Domingo de Betanzos, um dominicano que havia sido o primeiro superior provincial de Las Casas nas "Índias Ocidentais". Durante um bom tempo ele defendera a tese da incapacidade dos "índios" e chegara a afirmar, num memorial, que eles eram todos bestiais e não tardariam a desaparecer, o que tentava provar pela grande mortandade dos nativos. Betanzos estava também em Valladolid, e estava enfermo. Sua retratação, dirigida ao Conselho Real das Índias, foi importante para a causa defendida por Las Casas e seus amigos.[192]

A insistência de Las Casas estava em contrapor sua visão idealizada da "gente mansa e inocente" aos espanhóis "cruéis e desumanos". Sepúlveda aproveitou-se disso para constrangê-lo com a questão dos sacrifícios às "divindades que bebem sangue", mas ele não se abalou. Embora limitado pela mentalidade de exclusivismo católico, contribuía com uma base ética para o direito internacional.[193]

Em sua réplica final contra Sepúlveda, propôs a evangelização pacífica dos nativos, insistindo que não eram néscios nem bárbaros, e que tinham boa disposição para abraçar a fé. E afirmou: "Os índios são nossos irmãos, pelos quais Cristo deu sua vida. Por que os perseguimos sem que tenham merecido tal coisa, com desumana crueldade?". Esse princípio teológico da identificação de Cristo com os "índios"

---

191 JOSAPHAT, C. *Las Casas...*, *op. cit.*, pp. 48-49. Ver: Décima Segunda Objeção de Juan Ginés de Sepúlveda, na disputa com Bartolomeu de Las Casas sobre a legitimidade da conquista da América. Valladolid, 1550/1551, em: SUESS, P. (Org.) *A conquista espiritual...*, *op. cit.*, pp. 540-542. Também: Carta de Juan Ginés de Sepúlveda a Martín Pérez de Oliva, inquisidor apostólico, sobre sua polêmica com Las Casas. 1/10/1551, em: *Ibid.*, pp. 544-548.
192 Retratação de Domingo de Betanzos O.P. do conteúdo de um memorial em que havia afirmado que os índios eram bestas e que desapareceriam todos. Valladolid, 13/09/1549, em: *Ibid.*, pp. 538-539.
193 HOORNAERT. E. *História do cristianismo...*, *op. cit.*, p. 391.

oprimidos norteou a luta de Las Casas pelo estatuto antropológico dos nativos com todos os direitos ali implicados.[194]

Em Chiapas, no México, como bispo nomeado pelo rei Carlos V, negou-se a dar a absolvição a quem não libertasse seus "índios" escravizados nem devolvesse os bens adquiridos por meio da *encomienda*. E como alguns de seus padres continuaram a absolver os encomendeiros, retirou deles o direito de dar absolvição.

Até o final de sua vida foi fiel à causa abraçada, como pregador, escritor, polemista e itinerante infatigável, que fez mais de dez travessias no Atlântico, no vaivém entre a América e a Europa.[195] Faleceu no dia 18 de julho de 1566, no convento dominicano de Madri.

Contudo, o sistema escravista seguiu inabalável. A febre de lucrar com o branco açúcar produzido nos engenhos consumia milhões de vidas de negros escravizados. E a brancura à custa da negrura amaldiçoada seguia uma doutrina cristã perversamente ideologizada, permeada de racismo e com promessas de liberdade aos escravizados só para depois da morte.

Desse modo, a escravidão provocava contradições sem saída em relação à doutrina cristã. Não faltaram protestos ante os cativeiros injustos, denúncias, tentativa de medidas práticas como a da recusa de absolvição a senhores escravistas. Porém, tudo isso desembocou na impotência, dali para a omissão na pregação, dali para a acomodação à prática corrente e, finalmente, para a busca de um novo quadro doutrinal que justificasse e legitimasse a imutável realidade escravista. Assim nasceu algo como uma "teologia" da escravidão.[196]

---

194 Ver: Réplica Final de Las Casas contra Sepúlveda propondo a evangelização pacífica dos índios cuja boa disposição para abraçar a fé se manifesta em sua sinceridade, simplicidade e docilidade, em: SUESS, P. (Org.) *A conquista espiritual...*, op. cit., Doc. 76, p. 543. Esse princípio teológico se expressa em LAS CASAS, *Apología*, 393. Cf. GUTIÉRREZ, G. *Deus ou o ouro...*, op. cit., p. 63.
195 JOSAPHAT, C. *Las Casas...*, op. cit., pp. 25-27.
196 BEOZZO, José Oscar. Evangelho e escravidão na teologia latino-americana, em: RICHARD, Pablo (Org.) *Raízes da teologia latino-americana*. São Paulo: Paulinas, 1987, p. 93.

IV – GUERRA DE DEUSES

Triste estará a palavra de Hunab Ku, Única-deidade, para nós, quando se estender por toda a terra a palavra do Deus dos céus. Ai, entristeçamo-nos porque chegaram! Ai do Itzá, Bruxo-da-água, pois vossos deuses já não valerão mais![197]

O que se afigura como um estado de guerra entre diferentes concepções da divindade fica mais evidente nesse ponto da nossa reflexão. Vence a concepção cristã.

Do lado da colônia espanhola, a *Malintzin* do ventre dividido evoca o choro da deusa *Cihualcóatl*, desesperada por não ter um refúgio onde levar seus filhos. Missionários franciscanos, a modo dos doze apóstolos do cristianismo, quebram a resistência religiosa dos astecas ao argumentar que seus deuses foram fracos e não puderam livrá-los das mãos dos espanhóis, cujo Deus foi vencedor. Os incas sucumbem sem a força unificadora do seu imperador divinizado, que não impede a entrada dos forasteiros conquistadores, já que se poderia tratar do séquito do deus Huiracocha, cujo retorno era esperado.

Na vulnerabilidade da colônia portuguesa, em meio ao violento processo de mestiçagem a partir de matrizes mamelucas, a missão jesuíta chega com aval da Coroa para domar os nativos. Os missionários, que combatem o demônio munidos de "lei" e "língua", entendem a precariedade da fé abraçada por medo, como mostra Nóbrega em seu "O diálogo da conversão do gentio". Contudo, decidem pela imposição da conversão.

---

[197] Livro do Vaticínio dos Treze Katunes, no *Livro dos Livros de Chilam Balam*. O manuscrito original está no Museu Nacional de Antropologia do México. Pode-se ler em: SUESS, P. (Org.) *A conquista espiritual...*, op. cit., p. 44.

Malintzin, mãe dos mestiços

Podemos imaginar o ambiente religioso dos astecas uma década antes de serem atacados pelos espanhóis. Falava-se de prodígios e presságios funestos presenciados pelo povo e especialmente por seu imperador Montezuma, como o de uma espiga de fogo que aparecia no céu, um incêndio sem causa no templo maior, a água que ferveu no meio do lago Texcoco, uma voz de mulher chorando com grandes gritos no meio da noite, os homens que apareceram atropeladamente montados numa espécie de veados grandes... Assim, crescia a expectativa do regresso de Quetzalcóatl num séquito de deuses, conforme estava anunciado nos seus códices sagrados.[198]

Muitos diziam ouvir "a Chorona" durante a noite, que ora gritava: "Filhinhos meus, temos que ir para longe!". E outras vezes: "Filhinhos meus, aonde vos levarei?". Esse episódio ligava-se às narrativas míticas que envolviam a deusa *Cihualcóatl*, par divino de *Quetzalcóatl*.[199]

Também os maias tinham profecias que anunciavam a aparição dos "estrangeiros de barbas ruivas", filhos do sol, homens de cor clara. Eles chegariam no "11 Ahau Katún", ou seja, dentro do undécimo período de 20 anos de 360 dias:

> *Ai! Entristeçamo-nos porque chegaram! Do oriente vieram, quando chegaram a essa terra os barbudos, os mensageiros do sinal da divindade, os estrangeiros da terra, os homens ruivos...*[200]

Os espanhóis ainda não haviam encontrado as culturas mais avançadas até 1519, que foi quando Hernán Cortés lançou-se na conquista do Yucatán, no México. Ali deu-se conta da existência

---

198 LEÓN-PORTILLA, M. *A conquista da América Latina...*, op. cit., pp. 16-17; 23-25. As informações a respeito dos presságios devem-se aos informantes do franciscano Bernardino de Sahagún.
199 *Ibid.*, p. 25.
200 Profecia de Chumayel e Tizimin sobre a vinda dos estrangeiros de barbas ruivas, trad. de Alfredo Barrera Vásquez, em: *El Libro de los Libros de Chilam Balam.* 2ª ed. México: Fondo de Cultura Económica, 1963, pp. 68-69.

dos astecas com sua civilização madura e seu império imponente.[201] Já em fevereiro foi visto pelos astecas no golfo do México, chegando no meio da névoa, numa esquadra de 11 navios. Tinha uma tropa de mais de 600 homens, 16 cavalos, 32 bestas, 10 canhões de bronze e outras peças menores de artilharia.[202]

Cortés sempre declarava ser seu objetivo a extirpação da idolatria e a conversão dos "índios" à fé cristã,[203] mas primava pela violência, tentando mostrar que em pouco tempo teria em suas mãos o grande império asteca. Porém, um entrave para essa conquista era a comunicação. A tradução da língua dos maias para a dos espanhóis era feita por Jerônimo de Aguilar, um frade náufrago que, enquanto prisioneiro dos maias, havia aprendido sua língua. Mas, para falar com o imperador asteca não havia tradutor.

Entre as pessoas do povo do lugar espalharam-se as notícias da vinda daqueles seres estranhos, em barcas grandes como montanhas, que montavam em animais parecidos com veados enormes e traziam cães grandes e ferozes, além de instrumentos lançadores de fogo. Uma dúvida angustiou o imperador Montezuma e seus conselheiros: E se fosse realmente o deus Quetzalcóatl? A primeira atitude foi mandar mensageiros para suplicarem àqueles forasteiros que voltassem ao seu lugar de origem.[204]

Porém, Cortés confrontava-se com um império heterogêneo, de formação ainda recente através de aliança de cacicados, e teve habilidade para aproveitar-se das suas rivalidades internas, bem como da atitude vacilante do imperador Montezuma.[205] Além disso, predominou no povo asteca, dentro da expectativa de final de ciclo de tempo, a convicção de que os conquistadores eram deuses. Assim, os espanhóis armados foram recebidos em *Tenochtitlán* (cidade do México) como hóspedes divinos. Bem depressa se dariam conta de que se tratava de deuses do mal ou

---

201 DUSSEL, E. *Caminhos de libertação...*, op. cit., p. 63.
202 LEÓN-PORTILLA, M. *A conquista da América Latina...*, op. cit., pp. 11-12.
203 RODRÍGUEZ LEÓN, M. *A invasão e a evangelização...*, op. cit., p. 75.
204 LEÓN-PORTILLA, M. *A conquista da América Latina...*, op. cit., p. 17.
205 RODRÍGUEZ-LEÓN, M. *A invasão e a evangelização...*, op. cit., p. 75.

popolocas, bárbaros, vindos para destruir sua cidade e seu antigo modo de vida.[206]

Em Tabasco Cortés foi recebido como um deus. Como prova de submissão, os tabascaínos o presentearam com joias, tecidos, alimentos abundantes e vinte mulheres muito jovens. Entre elas estava *Malintzin*, com apenas 13 anos de idade, uma asteca de origem nobre, cujo pai havia deserdado ainda menina, para que seu poder fosse passado a um filho varão. Na condição de escrava, quando houve o desfecho de um conflito político, ela acabou entregue pelos astecas perdedores aos maias de Xicalango, como parte do seu tributo. E esses a venderam aos de Tabasco.[207]

As jovens foram repartidas entre os capitães que, para tê-las como objeto sexual apressaram-se a batizá-las. *Malintzin*, violentada naquela mesma noite, foi batizada como Marina. E como as jovens eram levadas nas expedições da conquista, Cortés não tardou a descobrir que a escrava *Malintzin* era bilíngue: falava fluentemente o *náhuatl* dos astecas e o *yucateca* dos maias. Era justamente a chave que faltava para a comunicação com o imperador asteca. A partir daí, Aguilar traduzia a fala dos espanhóis para o maia e *Malintzin* traduzia do maia para o asteca. Entretanto, *Malintzin* tinha uma inteligência brilhante e em pouco tempo aprendeu também a língua espanhola. Assim, Cortés a tomou como amante e como sua exclusiva tradutora-intérprete.[208]

Os espanhóis, que não conseguiam pronunciar seu nome *náhuatl*, chamavam-na "La Malinche", ou "Dona Marina". Ela tinha tato diplomático e personalidade firme, tanto assim que, para além da utilização interesseira que Cortés fazia dela, os astecas passaram a devotar-lhe grande respeito e chegaram a chamar ao próprio Cortés de "Malinche". Ela conseguiu ser reconhecida como autoridade absoluta sobre os nativos, o que se

---

206 LEÓN-PORTILLA, M. *A conquista da América Latina...*, op. cit., p. 17.
207 TONUCCI, P.M. & HOORNAERT, E. *Protagonistas e testemunhas da conquista*. São Paulo: Paulinas, 1992, pp. 62-63. Ver também: DÍAZ DEL CASTILLO, Bernal. *Historia Verdadera de la Conquista de la Nueva España*. 2 vols. Madrid: Dastin, 2001.
208 TONUCCI & HOORNAERT. *Protagonistas e testemunhas...*, op. cit., pp. 62-63. Também: DUSSEL, E. *História General...*, op. cit., p. 218.

evidencia numa gravura, onde ela está colocada na posição central, entre Cortés e o imperador Montezuma.[209]

Entretanto, *Malintzin* teve que atuar em meio a uma indescritível tragédia do seu povo. Os fatos da sangrenta conquista, de 1519 a 1521, foram relatados por astecas sobreviventes e por cronistas espanhóis[210] e assim podemos resumi-los:

> *O imperador soube que Cortés e seus homens o investigavam e pensou em fugir, mas já não podia. Os espanhóis converteram os tlaxcaltecas em seus aliados e os incitaram a marchar com eles até o Vale do México. Na passagem por Cholula fizeram uma grande matança. Entraram na cidade do México no dia 8 de novembro de 1519. Montezuma preparou-se, adornou--se e, com os seus principais, marchou ao encontro dos espanhóis.*

A recepção dos espanhóis, com grinaldas de flores, colares de ouro e outros ricos presentes, se fez com toda a cortesia e sentimento religioso. A emoção do imperador, naquele que poderia ser um momento único, o fez relativizar as desconfianças e receber o suposto deus e seu séquito com humilde glorificação. Cortés, através de *Malintzin*, também tratou Montezuma com cortesia e procurou deixá-lo confiante, mas não demorou a aprisioná-lo e o fez morrer pelas mãos do seu próprio povo.

Alguns meses depois Cortés ausentou-se da cidade para ir combater a Pánfilo de Narváez que, por ordem do governador de Cuba, Diego Velásquez, vinha tomar-lhe o comando. Foi quando o capitão Alvarado, ávido de notabilizar-se, aproveitou-se da festa religiosa de Tóxcatl, dos astecas, para invadir o seu templo maior. Ali atacou traiçoeiramente a multidão reunida. Os espanhóis fecharam as saídas e todas as passagens e, com suas espadas afiadas, fizeram uma horrenda chacina. Depois invadiram as casas.

---

209 A gravura está no *Codex Florentinus*. HOORNAERT, E. *História do cristianismo...*, op. cit., p. 341.
210 *Manuscrito Anónimo de Tlatelolco* (1528), escrito por informantes de Bernardino de Sahagún e conservado na Biblioteca Nacional de Paris (Seção referente à conquista). Tradução de Ángel Ma. Garibay K. Também: DIBBLE & ANDEERSON. *Florentine Codex*. Santa Fé, Novo México, 1959. Cf. LEÓN-PORTILLA, M. *A conquista da América Latina...*, op. cit., pp. 11-18; 25-48.

A impiedosa guerra de conquista durou quase um ano. Os astecas prantearam e fizeram rituais por seus mortos como puderam. E ao banho de sangue seguiram-se outras muitas mortes por epidemia de varíola, doença trazida pelos espanhóis, que matou aquele que seria o sucessor de Montezuma. Desse modo, foi o jovem Cuauhtémoc quem assumiu o poder.

Cortés regressava após vencer a Narváez e deparou-se com a resistência heroica dos astecas. Em fuga, na noite de 30 de junho de 1520, perdeu mais da metade dos seus homens e todos os tesouros dos quais se havia apoderado. A essa noite de derrota os espanhóis chamaram de "a noite triste".

Mesmo com a liderança de Cuauhtémoc, os astecas foram vencidos pelos canhões dos espanhóis, que ganharam reforço em suas tropas e tinham do seu lado mais de 80 mil soldados tlaxcaltecas. Além disso, Cortés comandou um cerco de quase 80 dias à cidade de Tenochtitlán. No dia 13 de agosto de 1521 deu-se a queda do império asteca, com Cuauhtémoc feito prisioneiro e torturado.

Esse testemunho, que lembra o cerco de Tenochtitlán, traz a constatação dos dardos quebrados que jaziam pelos caminhos, ou seja, da traumática destruição daquela nação de caráter guerreiro:

> *E tudo isso aconteceu conosco. Nós o vimos, nós o admiramos. Com essa lamentosa e triste sorte nos vimos angustiados. Nos caminhos jazem dardos quebrados, os cabelos estão espalhados. Destelhadas estão as casas, incandescentes estão suas paredes. Vermes pululam por ruas e praças, e as paredes estão salpicadas de cérebros. Vermelhas estão as águas, estão como que tingidas, e quando as bebemos, é como se bebêssemos água de salitre. Golpeávamos, entretanto, os muros de adobe, e era nossa herança uma rede de buracos. Sua proteção foi com os escudos, mas nem com escudos pode ser sustentada sua solidão. Comemos paus de pintassilgo, mastigamos grama salitrosa, pedras de adobe, lagartixas, ratos, terra em pó, vermes. Comemos a carne apenas sobre o fogo que estava posta. Quando estava cozida a carne, dali a arrebatavam, no fogo mesmo a comiam. Foi-nos posto preço. Preço do jovem, do sacerdote, do menino e da donzela. Basta: de um pobre era o preço de só dois punhados de milho, só dez tortas de mosca; só era nosso preço vinte tortas de grama salitrosa. Ouro, jades,*

mantas ricas, penas de quetzal, tudo isso que é precioso, em nada foi estimado...[211]

A matança continuou, numa caça aos adornos e outros objetos de ouro. Cuauhtémoc foi mantido vivo, pois os espanhóis temiam uma divisão do império. Como prisioneiro, ele viu a destruição da capital asteca, enquanto as edificações espanholas se erguiam sobre seus antigos alicerces. Porém, três anos depois, Hernan Cortés, como governador da região, acusou-o de conspirar contra os espanhóis e condenou-o à morte por enforcamento. Estava morto o último imperador asteca.

Em circunstâncias tão difíceis, trágica é a história de *Malintzin*, a mulher de ventre dividido, que gerou filhos do inimigo e se tornou a mãe dos mestiços. Podemos vê-la entre tantas mulheres vítimas da dominação e do machismo, violadas no corpo e em todo o seu ser e que só puderam reagir através da mestiçagem.[212]

Deuses fracos?

Cortés foi confirmado governador da Nova Espanha em outubro de 1522. Então, na busca de unidade religiosa e política e sempre expondo seu interesse em "extirpar a idolatria", solicitou ao rei espanhol que enviasse religiosos para converterem os "índios" à fé cristã. Desse modo, no dia 13 de maio de 1524 começava a missão sistemática no México, com a chegada de doze franciscanos, dez sacerdotes e dois irmãos leigos, considerados os doze apóstolos do Novo Mundo.

Entretanto, aqui é preciso saber que as principais fontes documentais se devem a um outro missionário historiador, o franciscano Bernardino de Sahagún que, escrevendo "sobre papéis e memórias", nos deixou uma obra monumental. Hoornaert explica sua atuação:[213]

---

211 Do *Manuscrito Anônimo de Tlatelolco, op. cit.* LEÓN-PORTILLA, M., et al. *Historia Documental de México*, vol. I. México: UNAM, 1984, p. 122s. Esse "canto triste dos conquistados" também pode ser lido em: SUESS, P. (Org.) *A conquista espiritual..., op. cit.*, pp. 83-84.
212 TONUCCI & HOORNAERT. *Protagonistas e testemunhas..., op. cit.*, p. 62.
213 HOORNAERT, E. *História do cristianismo..., op. cit.*, capítulo 7.

Sahagún chegou ao México em 1529. Apaixonado pela língua e cultura náhuatl, com toda a sua riqueza e poesia, empreendeu um longo e delicado trabalho, através de um processo inédito: com a ajuda de velhos astecas que conheciam o náhuatl e as tradições astecas, e também de ex--alunos do colégio dos franciscanos, de Tlatelolco, ele partia da narrativa oral para os pictogramas dos astecas e dali para a escrita, primeiro em náhuatl, depois em latim e só por último em espanhol. Foi dessa forma que ele reuniu uma documentação importante, mantendo sempre a preocupação com o que ele via como uma falha na missão: o descobrimento dos costumes, da língua e das crenças dos mexicas. Por isso, estudou o náhuatl com afinco e sempre escutou muito. Por onde ia, carregava seus "papéis e memórias", mesmo tendo que enfrentar por diversas vezes graves epidemias de varíola e recolher milhares de corpos.

Quando, enfim, recebeu apoio de um superior da Ordem mais compreensivo, trabalhou com um grupo de informantes e mais quatro ex-alunos. Voltou a Tlatelolco para a segunda etapa do seu trabalho, que resultou em 12 livros. Em 1569 concluiu sua monumental obra, realizada ao longo de 33 anos. Os manuscritos eram nas línguas náhuatl e espanhol, e continham preciosas ilustrações. Ele conseguiu aprovação dos censores, mas de sua própria Ordem franciscana veio a reprovação. Diziam que eram "idolatrias" e criticavam o alto custo dos papéis.

Sahagún, vendo-se só e com 71 anos de idade, buscou ajuda na Corte espanhola e em Roma. Enviou seus manuscritos à Europa e eles acabaram dispersos. Entretanto, o comissário geral da Ordem mandou que tudo fosse recolhido e devolvido ao seu autor. Assim, sua obra foi confiscada em 1577 e levada à Espanha. Ali, o rei Felipe II deu-o de presente de casamento à sua filha, que se casou com Lourenço de Florença. Porém, anexou uma carta proibindo sua divulgação. Foi assim que a obra de Sahagún acabou conhecida como o *Codez Florentinus* (Código Florentino).[214]

---

214 A obra completa de Sahagún, chamada *Código Florentino*, só recentemente foi reeditada, com introdução, paleografia, glossário e notas: SAHAGÚN, Bernardino de. *Historia General de las Cosas de Nueva España: Primera Version Íntegra del Texto Castellano del Manuscrito Conocido como Códice Florentino*. Alianza Editorial Mexicana, 1988.

Entretanto, o Colóquio dos Doze, que faz parte da obra de Sahagún, ficou por séculos perdido. E ao ser encontrado em 1924 nos arquivos secretos do Vaticano, por outro franciscano, Pascual Saura, viu-se que faltava pouco mais da metade do documento. De seus 30 capítulos só restavam 14, e as partes perdidas continham principalmente falas dos sobreviventes astecas. Também não havia uma boa coincidência entre as versões espanhola e náhuatl.[215] Contudo, o extenso e detalhado sumário estabelecido por Sahagún no início nos permite saber o desenrolar dos fatos, nesse episódio conhecido como "o colóquio dos Doze".[216]

Aqueles franciscanos chegaram em 1524 com o sonho de fazer com os "índios" rapidamente uma cristandade mais pura que a velha cristandade europeia. Viam-nos como os convertidos de última hora e, nessa urgência apocalíptica, desculparam a violência de Cortés, a quem consideravam o Moisés do Novo Mundo.[217]

Como se lê nos primeiros cinco capítulos, os doze dirigem-se aos dignitários do México e falam através de intérprete. Em seus discursos mostram-se já inteirados dos costumes rituais dos astecas. Insistem em que não são deuses vindos do céu, mas homens como eles; são escolhidos de Deus para a missão de salvar os infiéis, mensageiros e embaixadores do Papa, "um senhor que tem jurisdição espiritual sobre todos os que vivem no mundo inteiro". Argumentam com os astecas que a desgraça de terem caído nas mãos dos espanhóis é castigo de Deus, porque o ofendem dia e noite com seus pecados. Seus deuses não são deuses, mas apenas estátuas de pedra e madeira, horrorosas e de "negrura repugnante". Por que os deixaram sós, no meio de tantas aflições? São canalhas e enganadores, inimigos que trazem a morte e a peste. No entanto, ofenderam a Deus por não conhecê-lo; os missionários vieram para fazê-los conhecer a Deus e oferecer-lhes a sua misericórdia.

---

215 SUESS, P. (Org.) *A conquista espiritual...*, *op. cit.*, p. 475.
216 Pode-se ler na íntegra o que resta do Colóquio dos Doze em *Ibid.*, pp. 429-475.
217 Os franciscanos pautavam-se na expressão *convertentur ad vesperam* (convertidos à última hora), do Salmo 59,7. *Ibid.*, p. 475.

O 6º capítulo traz a resposta dos senhores astecas. Um deles se levanta e fala, com grande cortesia e refinamento cultural, mas deixa claro que não concordam em abandonar e destruir tão depressa as cerimônias e costumes que herdaram dos antepassados. Recorda os deuses, as antigas tradições, os textos sagrados, os calendários. E também explica aos missionários cristãos que somente são responsáveis pela guerra, tributos e justiça. O assunto é da competência dos *sátrapas*, os sábios da religião, por isso irão procurá-los.

Os sátrapas e os sacerdotes principais reuniram-se no mesmo dia e, ao ouvir os dignitários, que lhes transmitiram tudo o que os franciscanos haviam dito, pairou entre eles uma grande tristeza. Após longa conversa, no dia seguinte logo ao amanhecer, foram todos juntos falar com os missionários. Pediram que repetissem os argumentos do dia anterior.

Após longo tempo ouvindo os franciscanos, um dos sátrapas se levanta e fala, começando por uma introdução de requintada delicadeza. Mas, explica que é sob espada que estão sendo trazidos para a nova religião e que têm razões para contestar o que ouviram. "Se devemos morrer, morramos; se devemos perecer, pereçamos. Isso também, na verdade, sucedeu aos deuses", diz o sátrapa.

Falar da morte de deuses não era algo absurdo para os astecas que, em sua mitologia, guardavam a narrativa sagrada dos deuses que se sacrificaram numa fogueira para recriar a humanidade. Porém, a maneira como os cristãos se referiam à sua religião e aos seus deuses os chocava. Assim, o representante das autoridades religiosas astecas deixa claro que não estão persuadidos do que ouviram. Continuam com seus deuses, cuja crença está impressa em seus corações. Não serão loucos de destruir as leis e costumes antigos que herdaram dos antigos habitantes daquela terra. E acrescenta:

> *Já perdemos o poder, vós no-lo haveis tomado, vós nos haveis tirado a jurisdição do reino. É suficiente! Nossos deuses, os conservamos; preferimos morrer que abandonar seu culto e adoração. Tal é nossa determinação. Fazei o que quiserdes...*

Contudo, os astecas prometem estudar o assunto com calma e de comum acordo. E os frades respondem com mais discursos. Explicam que possuem as Sagradas Escrituras, que lhes permitem saber da falsidade dos seus deuses. Se a partir de então os astecas se recusarem a escutar as palavras divinas, seu erro não terá perdão e Deus, que já começou a destruí-los, os poderá aniquilar.

Seguiram-se outros encontros entre os franciscanos e as autoridades astecas, com muitos discursos dos frades expondo a teologia escolástica, até que um argumento decisivo causou um imediato impacto no povo asteca. Os doze disseram que os deuses mexicanos "não foram suficientemente poderosos para livrá-los das mãos dos espanhóis".

O que se passou na mente daqueles líderes astecas, ao ouvir falarem da debilidade dos seus deuses? Os sacerdotes sempre cuidaram de alimentar a força de Huitzilopochtli, e para isso não faltavam sacrifícios humanos. Os chefes civis e militares passaram a culpar os sacerdotes, começou uma discussão e quebrou-se a resistência. Os franciscanos aproveitaram-se da perturbação dos astecas e reforçaram o argumento de que os espanhóis venceram por serem servidores do verdadeiro deus todo poderoso, que os beneficiou com sua ajuda.

Seguiu-se a abjuração. Os astecas se renderam e renegaram seus deuses, declarando-se servidores do deus dos cristãos.

O sumário de Sahagún mostra ainda muitos pontos da doutrina cristã nos discursos dos franciscanos, bem como sua ordem aos senhores e aos sátrapas para trazerem todos os "ídolos" e os destruírem, numa reunião geral. Os astecas obedeceram. Em seguida, os missionários explicaram que deviam pedir o batismo para lavarem-se da idolatria passada. E solicitaram autorização para tomarem a seu encargo, dali em diante, a educação e catequese dos filhos.

Esse colóquio dos franciscanos com os líderes astecas pode ser visto como um evento paradoxal, marcado por uma série de limites como o choque de culturas, a condição desigual dos interlocutores, o exclusivismo cristão, as línguas diferentes.

Por outro lado, é inegável o esforço de diálogo por parte de um segmento diferenciado dos frades franciscanos que, embora não fugindo à regra do exclusivismo cristão, tentou favorecer um encontro respeitoso entre o cristianismo e a cultura náhuatl. Numa primeira fase destacaram-se Motolínea e André de Olmos; depois Mandieta e Sahagún.[218]

Junto com a atuação deles, o colégio Santa Cruz teve sua importância nesse esforço de incorporar os astecas à cristandade mantendo suas especificidades culturais. Fundado em 1536, era mantido com verba do tesouro real. A princípio os franciscanos tentaram conduzi-lo como um seminário para formar padres astecas, embora continuando a tradição desse povo de só admitir jovens da elite. Porém, esse empenho só durou uma década. Logo floresceram outros colégios com programas em sintonia com o regime de cristandade colonial, que se firmava a passos largos. Assim, o programa de ensino do colégio franciscano de Tlatelolco voltou-se à formação de gramáticos. Manteve-se ainda um esforço de reciprocidade com os nativos, tanto assim que o ensino era ministrado nas línguas latim e náhuatl, e não em espanhol.[219]

Aquela utopia franciscana foi vencida. Sahagún testemunhou a queima indiscriminada dos escritos náhuatles, promovida pelo bispo do México, Juan de Zumárraga.[220] E sua obra monumental foi relegada ao silêncio.

Dessa vertente não hispanizante também participou o dominicano Frei Diego Durán, que atuou na região central do México. Ele aprendeu bem a língua náhuatl e fez muitas viagens para investigar o universo asteca. Mas, sua obra permaneceu no anonimato até 1850. Escrever sobre as "antiguidades" dos nativos era visto, já pelos próprios confrades desses missionários, como preservar idolatrias e ritos demoníacos.[221]

---

218 HOORNAERT, E. *História do cristianismo...*, op. cit., p. 395.
219 *Ibid.*, pp. 395-400.
220 SAHAGÚN, B. de. *Historia General de las Cosas de Nueva España.* 9ª ed. México: Editorial Porrúa, 1997, p. 256.
221 A obra desse frade, chamada *Códice Durán*, foi descoberta pelo mexicano José Ramírez na Biblioteca Nacional de Madri. Cf. SANTOS, E.N. *Deuses do México indígena...*, op. cit., pp. 142-149. Pode-se ler: DURÁN, Fray Diego. *Historia de las Índias de Nueva España e Islas de la Tierra Firme.* 2ª ed. México: Editorial Porrúa, 1984, 2 vols, (Biblioteca Porrúa, n. 36).

É preciso antes beijar a terra

O esplendor do império inca deixaria estupefatos os espanhóis. Era o *Tahuantisuyo*, a terra dos quatro quadrantes do mundo, cuja extensão de aproximadamente 7 mil quilômetros quadrados hoje abarca os países: Peru, Bolívia, Chile, Equador, além de partes da Colômbia, Argentina, Paraguai e Brasil. Com alto grau de desenvolvimento técnico e social, todos tinham o que comer.[222]

A fama das riquezas desse reino, comumente chamado de Peru, atraiu os espanhóis Francisco Pizarro e Diego de Almagro, que comandavam expedições em busca do país do ouro. Falava-se de valiosíssimos tesouros, huacas e uma abundância de ouro e prata nas sepulturas. Las Casas já havia prevenido de que essas riquezas pertenciam aos "índios" e tomá-las seria roubo.[223] Mas, Guinés de Sepúlveda retrucara que, não havendo ouro, nenhum conquistador quereria ir para as "Índias", mesmo que lhe fossem dados trinta ducados por mês.[224]

No entanto, ali estavam os tesouros, e a ocasião favorável de uma crise política da nação inca. Em 1525, falecido o imperador Huayna Cápac, seus dois filhos guerreavam entre si pela posse do trono. Huáscar era o herdeiro legítimo, mas Atahualpa o rendeu e aprisionou. Por sua vez, o espanhol Pizarro obteve do imperador Carlos V licença para fazer a expedição ao Peru, o que acendeu ódio em Almagro e isso teria trágicas consequências mais tarde. Entretanto, ambos lideraram juntos o ataque ao império inca, que começou em 1532.[225]

Em Cajamarca, Atahualpa foi entrevistar-se com os espanhóis. Chegou à praça sentado em sua liteira, acompanhado pelo seu séquito e defendido pelos "orejones", seus nobres mais imediatos. Os espanhóis já estavam nessa cidade, que encontraram vazia, e preparados para aprisionar de surpresa o imperador inca.

---

222 HOORNAERT, E. *História do cristianismo...*, op. cit., pp. 216; 220.
223 *Apud* GUTIÉRREZ, G. *Deus ou o ouro...*, op. cit., pp. 117-118.
224 Sepúlvida fez essa afirmação em sua 12ª objeção na disputa com Las Casas. SUESS, P. (Org.) *A conquista espiritual...*, op. cit., p. 542.
225 LEÓN-PORTILLA, M. *A conquista da América Latina...*, op. cit., pp. 87-88.

A vitória fácil dos espanhóis, que no primeiro confronto eram menos de duzentos, pode ser explicada pela estruturação do império inca, verticalista, totalitária e teocrática. Os exércitos do imperador Atahualpa, ao vê-lo capturado por Pizarro na praça de Cajamarca, como se estivessem atingidos por uma força mágica pararam de lutar e deixaram-se matar. Capturado o Inca, eixo em torno do qual se organizava toda a sociedade e do qual dependia a vida e a morte de todos, o heroísmo dos súditos consistiu em não violar os muitos tabus e preceitos que lhes regulavam a existência.[226]

Além disso, à semelhança do que ocorreu com o imperador dos astecas, Atahualpa acreditou tratar-se do retorno do deus Huiracocha. Entre o temor, a curiosidade e a dúvida, e confiando nos seus 40 mil homens armados, optou por permitir o avanço daqueles forasteiros.[227]

A memória do confronto dos incas com "os inimigos barbudos" ficou perpetuada numa antiga peça de teatro, conhecida como *Tragedia del Fin de Atahualpa*.[228] Almagro fala com Huaya Huisa, mensageiro enviado pelo imperador, e o intérprete Felipillo traduz suas palavras com ironia e motejo: "Esse forte senhor te diz: Nós temos vindo em busca de ouro e prata". O frade dominicano Vicente Valverde grita: "Não, nós viemos a fim de que conheçais o verdadeiro deus!". Ao que responde Huaya Huisa:

> O Sol, que é nosso pai, é de ouro refulgente, e a Lua, que é nossa mãe, é de radiante prata, e em Curicancha ambos estão. Mas, para achegar-se a eles é preciso antes beijar a Terra.[229]

Trombeta e vulcão

O Brasil, após o descobrimento em 1500, ficou durante três décadas praticamente abandonado. Houve atuação de diversos religiosos

---

226 HOORNAERT, E. *História do cristianismo...*, op. cit., pp. 216-222.
227 LEÓN-PORTILLA, M. *A conquista da América Latina...*, op. cit., pp. 88-89.
228 Uma versão desse texto antigo foi publicada por Jesús Lara. *Tragedia del Fin de Atawualpa*. Cochabamba: Imprenta Universitaria, 1957. LEÓN-PORTILLA, M. *A conquista da América Latina*, op. cit., p. 99.
229 LEÓN-PORTILLA, M. *A conquista da América Latina...*, op. cit., pp. 99-100. Cuzco, que era a capital do império inca, foi erigida em diocese em 1537 e seu primeiro bispo foi o dominicano Frei Vicente Valverde. Cf. RODRÍGUEZ-LEÓN, M. *A invasão e a evangelização...*, op. cit., p. 79.

franciscanos junto aos nativos, mas de forma esporádica e sem planejamento. O atendimento religioso foi dado por padres seculares, e quase exclusivamente aos colonos portugueses.[230]

A colonização propriamente só começou em 1530, com a chegada da expedição de Martim Afonso de Souza, a introdução da cana-de-açúcar e o aumento do tráfico de escravos africanos. As imensas terras foram divididas em 15 capitanias hereditárias, à maneira de feudos, nas mãos de capitães que nelas exerciam poder absoluto. E ao rei de Portugal, com as prerrogativas do Padroado, cabia a criação de paróquias e dioceses, a construção de igrejas e conventos, a nomeação de párocos e bispos e a sustentação dos colégios.[231]

Os nativos da costa foram obrigados a conviver com pequenos núcleos europeus, em alianças ou em aldeamentos, muitas vezes submetidos ao trabalho forçado e à escravidão nas vilas e lavouras. Ao mesmo tempo, diversas tribos mantinham guerras entre si e com os brancos, ora em favor dos holandeses, ora dos franceses, ora dos espanhóis, ora dos portugueses. O pacto com os europeus, que no início tinha um caráter mercantil, passou a obrigá-los à guerra da colonização. Assim, os nativos aliavam-se àqueles que lhes pareciam mais úteis na luta pela sobrevivência.

O discurso de um chefe tupinambá da região do Maranhão, de nome Momboréaçu, dirigido aos franceses,[232] deixa claras as etapas da relação dos portugueses com os nativos do Brasil.

No início, os *peró* (portugueses) não residiam na terra conquistada, mas faziam intercâmbio de mercadorias com os nativos e "dormiam livremente com as raparigas", ou seja, aceitavam a oferta da mulher conforme a tradição das tribos, de aliança pelo ritual da sexualidade. Mais tarde os portugueses decidiram fixar residência, e então os obrigaram ao trabalho gratuito, tentando convencê-los de que deviam construir uma só nação. Essa segunda etapa coincide com o início

---

230 AZZI, Riolando. Ordens religiosas masculinas, em: *História da Igreja no Brasil...* Primeira Época, T. 2/1, *op. cit.*, p. 213.
231 RODRÍGUEZ LEÓN, M.A. A invasão e a evangelização..., *op. cit.*, p. 69.
232 O discurso do cacique Momboré-açu foi registrado por: D'ABBEVILLE, Claude. *História da missão dos padres capuchinhos na ilha do Maranhão e terras circunvizinhas*. Belo Horizonte: Itatiaia, 1975, p. 115.

da ação missionária dos jesuítas e o corte da tradição da oferta da mulher. Como disse Momboreaçu, "mandaram vir os *pais* (padres), e esses ergueram cruzes e principiaram a instruir os nossos e a batizá-los". A terceira etapa é marcada por maior violência:

> *Mais tarde afirmaram que nem eles nem os pais podiam viver sem escravos para os servirem e por eles trabalharem, e assim, se viam constrangidos os nossos a fornecer-lhos. Mas não satisfeitos com os escravos capturados em guerra, quiseram também os filhos dos nossos, e acabaram escravizando toda a nação; e com tal tirania e crueldade a trataram, que os que ficaram livres ficaram, como nós, forçados a deixar a região.*

Nesse quadro de abusos para a garantia de mão de obra, inclusive com a rápida criação de matrizes mamelucas que serviram a um violento processo de mestiçagem,[233] um projeto propriamente missionário só se iniciou meio século após a "descoberta" do Brasil. E esse projeto era o dos jesuítas, que chegaram junto com Tomé de Souza, o primeiro governador geral, depois do fracasso do sistema das capitanias hereditárias. O rei Dom João III, ao ver que a colônia poderia se perder, convenceu-se de que a conquista do Brasil só poderia ser feita por meio da cristianização, capaz de domar os nativos. Então, enviou os jesuítas para remediar a colônia através da catequese.[234]

Dom João III, no papel de chefe religioso do Brasil, deu ao primeiro governador geral um regimento, no qual expunha as razões do projeto colonizador: em primeiro lugar, "o serviço de Deus e o exalçamento de nossa santa fé"; em segundo, "o serviço meu e proveito dos meus reinos e senhorios"; por último, "o enobrecimento das capitanias e povoações das terras do Brasil, e proveito dos naturais delas".[235]

Assim, os seis primeiros jesuítas chegaram à Bahia de Todos os Santos junto com a armada do primeiro governador geral, a 29 de março de

---

[233] É oportuno ver a teoria de Darcy Ribeiro a respeito do povoamento do Brasil, em sua obra: *O povo brasileiro*. São Paulo: Companhia das Letras, 1995.
[234] SUESS, P. A catequese nos primórdios do Brasil..., *op. cit.*, p. 13.
[235] Preâmbulo do Regimento dado por D. João III ao primeiro governador geral, Tomé de Sousa, a 17 de dezembro de 1548. Este regimento pode ser lido em *História da colonização portuguesa no Brasil*. Porto: Litografia Nacional, 1921-1924, vol. 3, pp. 345-350.

1549. Manuel da Nóbrega, com a idade de 32 anos, sacerdote e graduado em Direito Canônico, fora nomeado superior e tinha a incumbência de fundar a missão e a província da Companhia de Jesus no Brasil. Com ele vieram outros três sacerdotes e dois irmãos leigos. No ano seguinte chegaram mais quatro religiosos da Companhia e em 1553 chegou José de Anchieta, um jovem de 19 anos.[236]

Era o início da experiência missionária da própria Companhia de Jesus, recém-fundada, que veria aprovadas as suas Constituições só sete anos mais tarde. Esses inacianos pioneiros já sabiam pelos manuais teológicos que fazer missão com os povos tupis seria guerrear contra o diabo e a carne. Por isso vieram munidos do binômio "lei e língua", representado por Nóbrega e Anchieta, que se complementavam. Entretanto, como entende Suess, o "língua" Anchieta mexeu mais com a cultura dos nativos que o canonista Nóbrega.[237]

Com toda a sua abnegação, Nóbrega representava a lei, a capacidade organizativa e o conhecimento jurídico. Sua inteligência não fora aproveitada na Universidade de Coimbra pelo fato de ele ser "tardo na fala". De fato, sendo gago nunca aprendeu a língua tupi. Também José de Anchieta foi mandado para o Brasil porque sua saúde precária não se dava bem com o clima europeu. Todavia, o poeta e catequista Anchieta, que foi capaz de adaptar a doutrina cristã às melodias dos tupis, tinha o dom das línguas. Dominava o espanhol, que era sua língua materna, e também o português, o tupi e o latim.[238]

Anchieta aprendera de Gil Vicente a arte dos autos da fé. Assim, teatralizava sua catequese vinculando os diabos à cultura tupi e os anjos e santos à cultura dos colonizadores. Seu *Auto na Festa de São Lourenço*, por exemplo, deixa clara a demonização e ridicularização do que era visto desde o exclusivismo cristão dos ibéricos como "pecados" dos tupis, como a inconstância, a guerra e a antropofagia. O ex-chefe tamoio

---

236 BEOZZO, José Oscar. O diálogo da conversão do gentio: A evangelização entre a persuasão e a força, em: VV.AA. *Conversão dos cativos...*, *op. cit.*, p. 45. RODRÍGUEZ LEÓN. A invasão e a evangelização... em: *Historia Liberationis...*, pp. 82-83.
237 SUESS, P. A catequese nos primórdios do Brasil..., *op. cit.*, pp. 23; 26.
238 *Ibid.*, pp. 23-24.

Guaixará é representado como rei dos demônios. Guerrear, beber cauim, dançar, vingar um inimigo, expressões significativas da cultura e das tradições dos tupinambás, tudo isso é apontado por São Lourenço e São Sebastião, colocados no *Auto* como ajudantes do Anjo da Guarda da aldeia, que prendem os demônios.[239]

Nóbrega organizou o trabalho missionário na Bahia, em Ilhéus, Porto Seguro, São Vicente; mais tarde, também em Pernambuco e Espírito Santo. Fundou colégios para meninos em Salvador e São Vicente. E em 1554 iniciou a missão na aldeia de Piratininga, com a primeira capela e colégio destinados exclusivamente aos nativos, chamados "gentios da terra". Ali, onde nasceria a cidade de São Paulo, Anchieta liderava um grupo de jovens irmãos, que se dedicaram ao aprendizado do tupi e, a partir dessa língua com suas muitas variações, compuseram a língua brasílica, ou língua geral, com gramática, vocabulário e catecismo.[240]

No entanto, as autoridades coloniais insistiam em que o superior provincial do Brasil residisse em Salvador, na Bahia, perto do bispo e do governador geral. Por isso, Nóbrega teve que sair de Piratininga. Porém, ele preferiu retirar-se na aldeia do Rio Vermelho, próxima da cidade de Salvador, já que não tinha grande apoio da autoridade eclesiástica e nem a amizade do segundo governador, Duarte da Costa. Dali atendia ao colégio de Salvador e ao governo da província, refletia e repensava a missão, escrevia muitas cartas.[241]

Diferentemente de outras colônias, o aparelhamento institucional da Igreja Católica foi bastante lento no Brasil colonial. O bispado da Bahia foi criado em 1551. Por mais de cem anos permaneceu o único, com longos períodos de vacância, já que, muitas vezes, por razões políticas e por outros problemas se retardava a nomeação ou a posse de sucessores. Já o primeiro bispo, Dom Pedro Fernandes Sardinha, devido a atritos com o segundo governador geral, Duarte da Costa,

---

239 *Ibid.*, pp. 24-25. Ver ANCHIETA, José de. Auto na Festa de São Lourenço, em: *Teatro de Anchieta: Obras completas*, vol. 3. São Paulo: Loyola, 1977, pp. 141-189.
240 BEOZZO, J.O. O diálogo da conversão do gentio..., *op. cit.*, p. 45.
241 *Ibid.*, p. 45.

foi chamado a Portugal depois de apenas quatro anos de governo e naufragou nessa viagem, em 1556.[242]

Foi em seu retiro, na aldeia de Rio Vermelho, que entre 1556 e 1557 Nóbrega escreveu *O diálogo da conversão do gentio*, obra literária de reconhecida importância. Além de ter problemas de saúde, estava preocupado em propor soluções aos problemas da missão que, após sete ou oito anos de dedicação sem tréguas, marcava passo e deixava a sensação de se trabalhar em vão. O "gentio da terra", ao mesmo tempo em que se abria com estranha facilidade à cristianização, crescia em artimanhas para resistir, em nada alterando seu modo de vida "pagão".[243]

Da parte dos colonizadores imperava o mau exemplo, não só no campo da justiça econômica e social, mas também no da moral matrimonial. Logo à sua chegada à Bahia, Nóbrega se havia escandalizado com o que chamou de "os dois grandes pecados da terra": um era o de cristãos possuírem escravos mal-havidos, isto é, nativos escravizados sem ser através de "guerra justa"; o outro era os colonos cristãos, e muitos padres, viverem amancebados com muitas mulheres nativas, tendo filhos de todas elas e sem se casarem com nenhuma.[244]

A missão se defrontava com obstáculos de toda natureza, principalmente pela pressão dos colonos, tanto assim que os próprios jesuítas ficavam divididos entre os que se opunham à ordem colonial, defendendo a liberdade dos nativos, e os que a ela se submetiam. Nesse ponto, São Vicente era um caso paradigmático, com toda a economia baseada no braço indígena escravizado. Ali os jesuítas sentiam-se impotentes, como escreveu Nóbrega ao provincial de Portugal:

---

242 O bispado da Bahia, em Salvador, foi estabelecido através da bula do Papa Júlio 3, a 25/02/1551. No século XVII foram criadas três dioceses: a de Pernambuco e a do Rio de Janeiro, em 1676; a do Maranhão, em 1677. Outras três se estabeleceram no século XVIII: Pará, 1719; Mariana e São Paulo, 1745. AZZI, Riolando. Episcopado, em: VV.AA. *História da Igreja no Brasil...* Primeira Época, T. 2/1, *op. cit.*, pp. 173; 180. O bispado da Bahia, em Salvador, foi estabelecido através da bula do Papa Júlio 3, a 25 de fevereiro de 1551.
243 Essa obra de Nóbrega só foi impressa pela primeira vez em 1880, na *Revista do Instituto Histórico e Geográfico*, Rio de Janeiro, n. 43, 1ª parte, pp. 133-152. Pode-se ler "O diálogo da conversão do gentio", também em LEITE, Serafim (Org.). *Cartas dos primeiros jesuítas do Brasil*, vol. 2. São Paulo: Comissão do IV Centenário da Cidade de São Paulo, 1957, pp. 317-435. BEOZZO, J.O. O diálogo da conversão do gentio..., op. cit., p. 45-47.
244 BEOZZO, J.O. O diálogo da conversão do gentio..., *op.cit.*, pp. 62-63.

> *A maioria dos homens dessa costa e principalmente dessa Capitania têm índios forçados que reclamam liberdade e do judicial nada mais sabem do que vir até nós como a padres valedores, refugiando-se na igreja e nós, porque estamos escarmentados e não queremos provocar escândalos, nem que nos apedrejem, não lhes podemos valer e nem mesmo ousamos dizê-lo na pregação. De maneira que, por faltar justiça, eles ficam cativos e seus senhores em pecado mortal, e nós perdemos o crédito entre toda a gentilidade...*[245]

Esfriava-se o entusiasmo inicial que fizera o próprio Nóbrega exclamar em 1549: "Essa terra é nossa empresa e o mais Gentio do mundo!".[246] Eram poucos missionários para uma imensidão de território, poucos deles eram conhecedores das línguas dos nativos, vários religiosos do primeiro escalão haviam morrido, a violência imperava nas aldeias com epidemias e guerras movidas pelos portugueses. E bastava a passagem de algum pajé famoso para os nativos abandonarem as missões e retornarem aos seus antigos costumes. Com tudo isso, infiltrava-se o desânimo entre os missionários.[247]

No início, os jesuítas tinham um projeto de pregação itinerante. Num esforço de abertura aos costumes dos nativos, a fim de atraí-los com mais suavidade para a conversão, reproduziam seus gestos e sua música, chegando a tocar seus instrumentos e a dançar com eles para animar os meninos. Nas processões, sempre havia coreografias e cantigas, em tupi e em português. Faziam confissão através de intérprete e inovavam a liturgia segundo o modo dos nativos, práticas que tiveram forte oposição do bispo Sardinha.[248] E, embora na aliança com o poder colonizador, a princípio tentaram morar junto dos nativos e até formar mamelucos para a ordenação sacerdotal, mas foram impedidos pelos mandatários do poder colonial.[249]

---

245 Carta do Pe. Manuel da Nóbrega ao Pe. Simão Rodrigues, São Vicente, 10/03/1563, em: LEITE, Serafim. *Cartas dos primeiros jesuítas do Brasil*, vol. 1. São Paulo: Comissão do IV Centenário da Cidade de São Paulo, 1954, pp. 455-456.
246 Carta do Pe. Manuel da Nóbrega ao Padre Mestre Simão. Bahia, 9 de agosto de 1549, e: LEITE, Serafim. *História da Companhia de Jesus no Brasil*. Tomo 1. Lisboa: Livraria Portugália; Rio de Janeiro: Civilização Brasileira, 1938, p. 123.
247 BEOZZO, J.O. O diálogo da conversão do gentio..., *op. cit.*, pp. 64-65.
248 LEITE, S. *Cartas dos primeiros jesuítas do Brasil*, II. São Paulo: IV Centenário, 1954, p. 12.
249 HOORNAERT, E. Os movimentos missionários, em: VV.AA. *História da Igreja no Brasil...*, Primeira época, T. 2/1, *op. cit.*, p. 52.

Assim, bem cedo partiram para a transmissão da fé católica através dos instrumentos colonizadores: ocupação territorial pelos lusitanos, "guerra justa" contra as tribos que se opunham a essa ocupação, escravização dos "índios" que se recusavam a aceitar voluntariamente a fé, e aldeamentos, chamados "reduções" por causa da progressiva descaracterização do modo de vida e da identidade dos nativos. Com promessas de bem-estar material, obviamente nunca cumpridas, e sob força militar, eles eram compelidos aos "descimentos" através dos rios para serem aldeados em locais próximos às povoações dos brancos, onde seriam catequizados. O drástico desenraizamento cultural das tribos se fazia ao mesmo tempo de uma rápida incorporação na cristandade colonial. Confinados nas reduções, ficavam mais expostos ao domínio e à exploração dos colonos.[250]

Em toda parte se acendia o confronto armado porque crescia a resistência dos nativos, por não suportarem mais a violência dos colonos, que tomavam suas terras e pisavam em seus direitos com trapaças e ódio. Em 1585, um balanço feito por Anchieta mostrou que na Bahia, de 40 mil restaram menos de 10 mil. As mortes em massa eram por epidemias, fuga para o interior, escravização, desenraizamento e dispersão.[251]

Na efervescência dessa problemática, Nóbrega escreveu "O diálogo da conversão do gentio" simulando um diálogo entre dois irmãos leigos jesuítas, um "língua" e um ferreiro.

Gonçalo Alvarez, tradutor e intérprete prático, atuava no Espírito Santo e foi elogiado por Nóbrega por seu talento e graça como "trombeta da palavra de Deus".[252] E Matheus Nogueira, o ferreiro silencioso de Piratininga, atraía os tupis com seu trabalho na forja, produzindo com perfeição foices, cunhas e outras ferramentas. A missão tinha pouco resultado, porque os pais resistiam a entregar seus filhos aos padres e as próprias crianças, na primeira oportunidade, fugiam das escolinhas. Só o irmão ferreiro, com suas ferramentas, conseguia resultados. Com espontaneidade os nativos

---

250 AZZI, R. *A teologia católica...*, op. cit, pp. 73-79.
251 ANCHIETA, José de. Informação da província do Brasil para o nosso Padre, 1585, em: Id. *Cartas, informações, fragmentos históricos e sermões*, op. cit., pp. 442-443.
252 LEITE, S. *História da Companhia de Jesus no Brasil*, I, op. cit., p. 575.

retribuíam sua dedicação trazendo farinha, legumes, e às vezes carne e peixe. Anchieta, grato por sua grande contribuição no sustento da casa e da missão, chamou-o de "deus vulcão".[253]

Nóbrega pôs na boca desses dois interlocutores opiniões que corriam entre os jesuítas da missão, como a de que não adiantava trabalhar com aqueles "índios" bestiais, incapazes de se converterem porque não tinham rei e não sabiam o que era crer e adorar. Assim, o irmão Alvarez diz que anda "meio desesperado da conversão" do "gentio" (Diálogo, pp. 9-10) e o irmão Nogueira, com a sensação de trabalhar em vão em sua forja, pergunta se serão perdidas "tantas marteladas, tanto suor, tanta vigília" (Diálogo, pp. 85-86).[254]

Com a pergunta de fundo se aqueles nativos eram humanos e se a missão com eles tinha algum futuro, o debate insistiu na inconstância dos nativos:

> *Matheus Nogueira: Uma cousa têm esses pior de todas, que quando vêm à minha tenda, com um anzol que lhes dê, os converterei a todos, e com outros os tornarei a desconverter, por serem inconstantes, e não lhes entrar a verdadeira fé nos corações [...] vemos que são cães em se comerem e matarem, e são porcos nos vícios e na maneira de se tratarem...* (Diálogo, pp. 29-32; 36-38)

> *Gonçalo Alvarez: Sabeis qual é a maior dificuldade que lhes acho? Serem tão fáceis de dizerem a tudo sim ou "pá", ou como vós quiserdes; tudo aprovarão logo, e com a mesma facilidade com que dizem "pá" (sim) dizem "baani".* (Diálogo, pp. 65-69)

O debate do "Diálogo" mostra que a crise da missão era por causa da precariedade daquela fé abraçada por medo, esvaziada interiormente, levando ao fingimento ao invés da conversão com adesão do coração e da vontade. Mas, ao contrário da proposta lascasiana, Nóbrega opta pelo método da força, da coerção como instrumento necessário à cristianização.[255]

Mas, essa opção não foi só de Nóbrega. Anchieta chegou a louvar

---

253 Carta do irmão José de Anchieta ao Pe. Inácio de Loyola, São Paulo de Piratininga, 10/09/1554, em: LEITE, Serafim. *Cartas dos primeiros jesuítas do Brasil*, II, *op. cit.*, p. 112.
254 BEOZZO, J.O. O diálogo da conversão do gentio, *op. cit.*, pp. 65-69.
255 *Ibid.*, pp. 69-77.

a guerra que obrigou os nativos a reagruparem-se na missão e concluiu que só com a espada e vara de ferro se podia evangelizar com proveito:

> *[...] Porque para esse gênero de gente não há melhor pregação do que a espada e vara de ferro, na qual mais do que em nenhuma outra é necessário que se cumpra o* compelle eos intrare.[256]

Esse argumento teológico do *compelle eos intrare* (obrigai-os a entrar), foi comumente utilizado, num entendimento da religião dos nativos como expressão do poder diabólico.[257]

Paulo Suess comenta que o diálogo entre o "língua" e o ferreiro exclui a participação dos nativos. Como um dueto de violência apocalíptica entre trombeta e vulcão, expressa uma ferida profunda da missão e dos seus protagonistas. A escolha da sujeição, ao invés de converter, produz ajustamentos de conveniência.[258]

---

[256] Nessa carta, Anchieta citou uma passagem do evangelho de Lucas 14, 23: Os convidados ao banquete não compareceram e então o senhor mandou buscar nas ruas e praças os pobres, aleijados, cegos e coxos, para sentarem-se à mesa; havendo ainda lugar, mandou buscar os mais pobres por caminhos e atalhos, dizendo: "Faze-os entrar para encher minha casa". A interpretação corrente na época de Anchieta era a de que se justificava o uso da força para evangelizar. ANCHIETA, J. *Cartas, informações, fragmentos históricos e sermões, op. cit.*, p. 196. BEOZZO, J.O. O diálogo da conversão do gentio, *op. cit.*, nota de rodapé n. 69.
[257] AZZI, R. *A teologia católica..., op. cit.*, pp. 63-64.
[258] SUESS, P. A catequese nos primórdios do Brasil..., *op. cit.*, pp. 36-37.

V – RESISTÊNCIA DE DEUSES

> *Com muito medo da destruição, os malês aceitaram o poder de Xangô e abriram a porta da cidade para que entrasse quem fosse da vontade de Xangô. Assim, Xangô também é rei na cidade dos malês. Só que, em homenagem a esse povo muçulmano, Xangô deixou de comer carne de porco, tão grande era seu desejo de ser respeitado por essa nação.* [259]

Como foi que divindades cultuadas na África puderam resistir no imaginário e nas práticas de culto dos negros deportados e escravizados? Na América Latina, os próprios escravos conseguiram criar laços entre suas diferentes etnias e, por uma criativa e complexa proximidade com os santos do catolicismo, possibilitaram a resistência de suas divindades nas dobras da religião obrigatória, a modo de uma aliança de deuses. Negros, nativos e mestiços foram reinventando seus cultos e fazendo nascer religiões afro-indígenas-americanas. O vodu do Haiti e o candomblé do Brasil têm uma história especialmente interessante.

Sincretismos e recriação de religiões

Na América Latina, em pleno regime de escravidão, diversas etnias africanas conseguiram criar laços entre si. Era como um milagre, pois o sistema cortava a ligação da pessoa com a família, o clã, os ancestrais, as tradições, a pátria, a cultura, a religião e todo o seu mundo. Além disso, misturava pessoas de diferentes etnias e procedências.

---

[259] Do mito recolhido por Rita Laura Segato, em sua obra *Santos e Daimones: O politeísmo afro-brasileiro e a tradição arquetipal*. Brasília: Editora Universidade de Brasília, 1995, pp. 394-395. PRANDI, Reginaldo. *Mitologia dos orixás*. 6ª reimpressão. São Paulo: Companhia das Letras, 2001, p. 275.

As sociedades coloniais estavam irremediavelmente divididas entre a reduzida classe senhorial e a imensa massa de dominados. A minoria privilegiada dava prioridade absoluta à acumulação material e ao lucro, chegando até a sacrificar a ética e a preocupação religiosa. Porém, persistia numa radical intolerância frente a qualquer dissidência religiosa, porque a religião obrigatória dava a liga ideológica a essas sociedades, garantia a ordem estabelecida e dobrava as mentes e os corações dos escravizados, tornando-os resignados. Além disso, só a religião podia reacender no coração dos escravos a esperança irremediavelmente perdida, mesmo sendo uma esperança só para depois da morte.[260]

A intolerância religiosa se instaurava no quadro do pluralismo já existente na época colonial. Os católicos tentavam evitar que senhores protestantes comprassem escravos e os doutrinassem segundo o que chamavam de "heresia luterana"; os protestantes tentavam preservá-los do que chamavam de "perigos do papismo"; muçulmanos queriam conduzi-los em direção à Arábia, Pérsia e Turquia, a fim de convertê-los à fé pregada por Maomé.[261]

Não obstante tudo isso, escravos negros foram sujeitos ativos no reagrupamento inter-étnico, em torno de suas tradições culturais. O meio utilizado foi principalmente a fuga. As arriscadas fugas para lugares inacessíveis possibilitavam a formação de muitos quilombos, onde viviam na liberdade, reconstituíam a solidariedade étnica, recriavam suas tradições antigas e redescobriam a unidade religiosa para resistir contra os senhores brancos.[262]

As autoridades coloniais enviavam continuamente tropas para a recaptura dos negros e a destruição dos quilombos, mas alguns deles conseguiram resistir por bastante tempo. É o caso do Quilombo dos Palmares, no Brasil. Escondido nas serras do atual Estado de Alagoas, era bastante grande e resistiu por quase um século, desde 1600,

---

[260] BEOZZO, J.O. Evangelho e escravidão..., op. cit., pp. 108-110.
[261] VERGER, F.P. Orixás: Deuses yorubás..., op. cit., pp. 22-23.
[262] Na América Espanhola, a fuga de escravos era denominada *marronnage* e seus povoados chamavam-se *palenques*. HURBON, Laënnec. O deus da resistência negra: O vodu haitiano. São Paulo: Paulinas, 1987, p. 67.

até ser liquidado pelas tropas do mameluco e bandeirante paulista Domingos Jorge Velho. Zumbi, líder de Palmares, foi morto em 20 de novembro de 1695 e tornou-se símbolo da consciência e resistência negra.[263]

No entanto, foi nas brechas do próprio sistema colonial-escravista que os negros estabeleceram laços religiosos entre diferentes etnias para recriar seus cultos e formar religiões novas, através de importantes processos de sincretismo que foram operando em surdina, escondidos nas práticas do catolicismo obrigatório.

A vida toda tinha seu registro no universo do catolicismo obrigatório. O sacramento do batismo significava a comprovação de que a pessoa era filha dos pais e da terra alegados. O sacramento do matrimônio fazia existir a união matrimonial, com as bênçãos de um padre, com testemunhas e registro em livro próprio. O sentido social da morte era dado pelo registro de óbito paroquial. Párocos forneciam atestado de viuvez. Enfim, quase todas as etapas dos momentos rituais da sociedade estavam sob o controle da Igreja Católica, de tal forma que o exercício da cidadania supunha a aceitação dos rituais católicos, mesmo que de maneira estratégica.[264]

Nessa realidade, para a população escrava foi importante recorrer às várias formas de sincretismo.

Como alerta Gruzinski, para pensar a mistura sincrética é preciso entrar na complexidade do universo social e histórico, e tentar ver não apenas os conjuntos monolíticos, mas principalmente os espaços intermediários, a fim de identificar ali os interstícios sem nome. Na história colonial da América Latina ocorreram muitas trocas e cruzamentos entre o mundo dos dominados e o dos dominadores, entre indivíduos e grupos que transitaram em espaços de mediação. Por isso, hoje é interessante buscar as regiões de fronteira, porosas, permeáveis e flexíveis,

---

263 Para saber mais a respeito do quilombo de Palmares, é interessante a obra de ENNES, Ernesto. *Os Palmares*. Lisboa: I Congresso de História da Expansão Portuguesa no Mundo, 1938, pp. 113-138.
264 FARIAS, Sheila de Castro. *A colônia em movimento: Fortuna e família no cotidiano colonial*. 2ª reimpressão. Rio de Janeiro: Nova Fronteira, 1998, p. 307.

que deixam uma sensação de inacabado em relação a certos modelos de referência.[265]

A ambiguidade, o indistinto e multifacetado, os sincretismos, prevaleceram na religiosidade cotidianamente vivida no Brasil colonial, que escapava por entre as fendas deixadas pelo esforço catequético dos jesuítas. Práticas mágicas primitivas advindas dos mundos indígena, africano e europeu, bem como a feitiçaria colonial, impregnavam essa forma de religião.[266]

O sincretismo instaurou-se dinâmico e operante. Aliás, como constatou Nina Rodrigues, já na África a convivência com cristãos e muçulmanos fez começar um duplo sincretismo que veio para o Brasil e aqui continuou se desenvolvendo, principalmente sob a influência jeje-nagô.[267]

Artur Ramos acrescenta que também na Península Ibérica o cristianismo absorveu sobrevivências de cultos e crenças de épocas proto-históricas, inclusive de origem asiática e africana. E no Brasil, o catolicismo popular lusitano desenvolveu mais ainda essa faceta de assimilação com os cultos ameríndios e africanos aqui encontrados. Essas sobrevivências todas coexistiram com a religião oficial. Os negros, proibidos de praticarem seus cultos, buscaram disfarçar seus legítimos

---

[265] GRUZINSKI, Serge. *O pensamento mestiço*. São Paulo: Companhia das Letras, 2001, pp. 47-49. A palavra "sincretismo" foi ganhando outros sentidos no decorrer da história. Plutarco usou-a para designar a união circunstancial de indivíduos geralmente hostis aos outros. Erasmo, para designar a frente constituída pelos humanistas e luteranos. No século XVII passou a significar a harmonização de doutrinas e de correntes filosóficas diversas. Cf. FERRETI, Sérgio Figueiredo. *Repensando o sincretismo*. São Paulo: Edusp, 1995, p. 90. Hoje o termo "sincretismo" possui múltiplos significados, inclusive contraditórios. Pode-se tomá-lo para designar aquele tipo de equilíbrio manifestado entre rituais e tradições diversas, um equilíbrio instável, mas durável. Cf. GRUZINSKI, S. *O pensamento mestiço, op. cit.*, p. 46.

[266] MELO E SOUZA, L. *O diabo e a terra de Santa Cruz, op. cit.*, pp. 374-375.

[267] Toda a obra de Nina Rodrigues, como antropólogo e primeiro africanista brasileiro, continua sendo um referencial importante para o estudo das culturas e religiões afro-brasileiras, mas é importante considerar a crítica que Artur Ramos faz em quase todas as suas publicações, de que na obra de Nina Rodrigues há ainda uma visão preconceituosa sobre os afro-brasileiros que admite, por exemplo, inferioridade racial e degenerescência da mestiçagem, como também, segundo as teorias de Tylor, uma inferioridade do animismo e do fetichismo nas religiões africanas. Cf. MUNANGA, Kabengele. Negros e mestiços na obra de Nina Rodrigues, em: ALMEIDA, A.J.S.; SANTOS, L. de A.; FERRETTI, S.F. (Org.s) *Religião, raça e identidade: Colóquio do centenário da morte de Nina Rodrigues*. São Paulo: Paulinas, 2009, pp. 34-35.

sentimentos religiosos, operando novamente um sincretismo entre as suas divindades e os santos do cristianismo católico.[268]

Assim, estabeleceu-se uma proximidade criativa e complexa entre santos do catolicismo e divindades cultuadas na África. Era como uma aliança de deuses, através de dinâmicos e variados processos culturais. Verger assim explica esse sincretismo na Bahia:[269]

> Os escravos tinham uma convivência cotidiana com os santos católicos desde os navios negreiros. Mas também os homens de negócio negreiro invocavam os santos como protetores seus e dos seus navios carregados de mercadorias. Invocavam muito a Nossa Senhora, sob os títulos de Senhora da Conceição, do Rosário, do Carmo, da Ajuda, da Piedade, de Nazaré. E também os santos, principalmente Santo Antônio, São José, Sant'Ana, São João Batista e as Almas.

Surpreendentemente, os negros escravizados apropriaram-se desses santos, mas numa troca de posição, como seus protetores e não mais como protetores dos comerciantes e senhores escravistas. E reinterpretaram a devoção aos santos numa relação com as divindades do universo religioso africano, através de um fenômeno de sincretismo por equivalência flutuante e variável e também por justaposição.

Foi assim que se estabeleceram muitas aproximações, como a da mãe de numerosos orixás, *Iemanjá*, com a Senhora da Conceição; *Nanã Buruku*, a mais idosa das divindades das águas, com Sant'Ana, a mãe de Nossa Senhora; *Oxalá*, deus da criação a quem se deve respeito e amor, com o Senhor Bom Jesus do Bonfim; *Oiá-Iansã*, a primeira esposa de *Xangô*, deusa das tempestades e dos relâmpagos, com Santa Bárbara, que a tradição católica diz ter sido sacrificada pelo pai e esse foi por isso atingido por um raio; *Obaluê*, deus da varíola, com São Lázaro, representado com o corpo cheio de feridas.

Às vezes, a aproximação partiu de algum detalhe das estampas e imagens dos santos e acabou sendo paradoxal. Assim, São Jorge, representado como um valente cavaleiro que crava uma lança num dragão

---

[268] RAMOS, Arthur. *O negro brasileiro.* Rio de Janeiro: Graphica, 2001, vol. 1: Etnografia Religiosa, p. 124.
[269] VERGER, F.P. *Orixás: Deuses yorubas...*, op. cit., pp. 23-28.

enfurecido, é identificado com *Oxóssi*, deus dos caçadores. Santo Antônio, um franciscano cuja imagem inspira mansidão, por ter sido chamado pelos cristãos colonizadores como "o martelador dos heréticos" e também tratado muitas vezes com honras militares, foi identificado com *Ogum*, deus da guerra. São Jerônimo, pelo detalhe do leão docilmente deitado a seus pés, e que para os iorubás representa a realeza, foi identificado com *Xangô*, tido como o terceiro dos seus soberanos.

Trata-se de um dinamismo sincrético através do qual a população negra escravizada apropriou-se dos santos católicos, imprimindo modificações significativas nas imagens e no imaginário. É o que aparece nessa descrição de Gilberto Freyre, em sua obra clássica *Sobrados e mucambos*:

> *[...] A porta de vidro dos santuários se abriu, no Brasil, se escancarou mesmo, para deixar entrar orixás de cajá disfarçados de São Cosme e Damião; São Beneditos pretíssimos, Santas Efigênias retintas, Nossas Senhoras do Rosário morenas: santos de cor que tomaram o lugar entre Santo Antônios cor-de-rosa e querubinzinhos louros, ruivos, numa confraternização que nem a dos homens. Os santos e os anjos, tradicionalmente louros, foram aqui obrigados a imitar os homens – nem todos brancos, alguns pretos, muitos mulatos – tornando-se eles também, brancos, pretos, mulatos. Até Nossa Senhora amulatou-se, engordou e criou peitos de mãe preta nas mãos dos nossos santeiros. E do próprio Cristo a imagem que mais se popularizou nos altares do Brasil foi a do judeu bem moreno, o cabelo e a barba pretos, ou então castanhos, e não o do Nosso Senhor ruivo, que se supõe ser o histórico ou o ortodoxo.*[270]

No Brasil, as mães pretas se destacaram nesse processo de sincretização a partir da base católica. Sua contribuição foi de suma importância, sobretudo a favor das crianças, nos planos psicológico-afetivo, social, cultural, educacional e religioso. Sabemos que, na condição de escravas, elas sofriam a violência de uma rotina de estupros por parte dos senhores de engenho, tinham que amamentar primeiro as crianças brancas, viviam o drama de gerar filhos para o cativeiro e os ver muito cedo arrancados de si. E apesar de tudo, souberam fazer uma transmissão da tradição católica perpassada de afeto, segura na ortodoxia essencial e com múltiplas aproximações

---

[270] FREYRE, Gilberto. *Sobrados e mucambos*. São Paulo: Editora Nacional, 1936, pp. 365-366.

clandestinas. É o que aparece nesse trecho do poema de Patativa do Assaré, dedicado à Mãe Preta:

> *Dorme, dorme, meu menino,*
> *Já chegou a escuridão,*
> *A treva da noite escura*
> *Está cheia de papão.*
> *No teu sono terás beijos*
> *Da rosa e do bugari*
> *E os espíritos benfazejos*
> *Te defendem do saci [...]*
> *Dorme o teu sono inocente*
> *Com Jesus e com Maria,*
> *Até chegar novamente*
> *O clarão do novo dia.*
>
> *"Iscutando com respeito*
> *Estes verso pequenino,*
> *Eu sintia no meu peito*
> *Tudo quanto era divino;*
> *Nem tuada sertaneja*
> *Nem os bendito da igreja,*
> *Nem os toque de retreta,*
> *In mim ficaro gravado,*
> *Como estes versos cantado*
> *Por minha boa Mãe Preta..."* [271]

As colônias católicas incorporavam os escravos negros à cristandade, com obrigatoriedade do batismo e proibição dos cultos africanos, mas a doutrinação ficava quase exclusivamente a cargo dos próprios senhores de engenho. Nas colônias protestantes, essa doutrinação foi inexistente, salvo no caso dos moravos no Suriname, a partir de 1735, mas sem intervirem no assunto político do sistema escravista.[272]

Na colônia católica de Santo Domingo, evidenciava-se a falta de interesse em que os escravos cumprissem os deveres religiosos. A maior parte dos senhores via as festas e procissões como pura perda de tempo

---

[271] ASSARÉ, Patativa do. *Cante lá que eu canto cá: filosofia de um trovador nordestino*. 13ª ed. Petrópolis: Vozes, 2002, p. 97.
[272] LAMPE, A. *Descubrir a Dios..., op. cit.*, p. 19.

e alguns até temiam a participação dos seus escravos nas cerimônias religiosas, pela oportunidade de encontro e conversa entre eles, das quais poderiam resultar revoltas e motins. Ademais, o catolicismo poderia suscitar sentimentos de igualdade, perigosos para os escravos.[273]

Com isso, longe de abandonar suas crenças africanas, os escravos negros foram desenvolvendo uma forte religiosidade afro-americana, ou afro-antiliana no caso do Caribe. Assim, no Haiti surgiu o *Vodu*, em Cuba a *Santeria*, em Trinidad Tobago o *Shango*, na República Dominicana o *Gagá*, na Jamaica o *Obeahismo*, em Curaçao o *Brúa* e no Suriname o *Winti*.[274]

Podemos situar a gênese das religiões afro-americanas na primeira metade do século XIX, quando ocorria uma vertiginosa intensificação do tráfico negreiro, na oportunidade da oferta provocada pelas guerras tribais na África e da demanda crescente das plantações na América Latina. Essa forte onda de importação de negros envolveu algumas etnias que foram especialmente importantes no processo de recriação das suas religiões, como os iorubás, popularmente chamados *lucumi* em Cuba, e *nagô* na Bahia e no Recife,[275] bem como os fon e os jeje.

Em Cuba, numa situação bastante semelhante à do Brasil, nasceram três religiões. No polo iorubá, o *culto de ifá*, ou religião dos babalaôs, e a *santeria*, que na Espanha era o culto popular dedicado aos santos e às virgens. O termo "santeria" era pejorativo porque essa maneira de culto era vista na proximidade com a idolatria. No contexto colonial cubano, os escravos negros identificaram seus orixás africanos com determinados santos e virgens do catolicismo. Assim, santeria passou a designar o culto sincrético aos santos. A outra religião, marcada pela cultura banto, é o *palo monte*, que se baseia principalmente na relação dos vivos com os mortos através da *ganga* ou *prenda*, um recipiente no qual se assenta o espírito do morto. Os paleros, para alimentar a *ganga*, oferecem-lhe sangue de animais sacrificados. É importante notar que os paleros adotaram a maioria das divindades da santeria.[276]

---

273 VAISSIÈRE, Pierre de. *Saint-Domingue (1629-1789). La Societé et la Vie Créole Sous l'Ancien Régime*. Paris: Perrin, 1909, p. 204.
274 LAMPE, A. *Descubrir a Dios...*, op. cit., p. 27.
275 DIANTELLI, Erwan. *Des Dieux et des Signes: Initiation, Écriture et Divination dans les Religions Afro-cubaines*. Paris: Éditions de l'École des Hautes Études en Sciences Sociales, 2000.
276 DIANTELLI, E. *Des Dieux et dês Signes...*, op. cit.

No Brasil, o culto africano foi rearticulado às divindades chamadas genericamente *orixás, nkisses e voduns*, através do estabelecimento de um panteão recomposto entre diferentes grupos étnicos. E as comunidades organizadas de culto passaram a se chamar *candomblés*.[277]

Os candomblés variam segundo a versão regional ou a matriz étnica africana. Assim, temos os candomblés keto, jeje, angola e de caboclo na Bahia, e atualmente também em vários estados brasileiros; xangô ou nagô em Pernambuco; xambá em Alagoas; tambor de mina no Maranhão; babassuê no Pará; batuque no Rio Grande do Sul.[278]

Quanto às etnias especialmente marcantes, o candomblé de Pernambuco tem a egba, o do Rio Grande do Sul a oió-ijexá e o do Maranhão é uma variante iorubá, com forte influência da religião dos voduns daomeanos. Candomblés de origem banto são especialmente os denominados angola e congo. Há também os de origem marcadamente fon, como o jeje-mahim baiano e o jeje-daomeano do tambor de mina maranhense. Mas foram principalmente os candomblés baianos das nações keto (iorubá) e angola (banto) que mais se difundiram no Brasil. Os das nações keto constituíram-se numa espécie de modelo para o conjunto das religiões dos orixás. Os candomblés angola, que adotaram os orixás dos nagôs e absorveram muito das concepções e ritos desses povos, desempenhariam um papel fundamental na gênese da umbanda, no início do século XX.[279]

Numa realidade adversa como aquela dos tempos coloniais, em regime de escravidão, a rebeldia contra a religião dominante não podia ocorrer abertamente. Então, a recriação de religiões constituiu-se numa forma de rebeldia latente, por meio da crença e da prática religiosa clandestina. Indígenas, negros e mestiços foram gerando, na base da

---

277 LAMPE, A. *Descubrir a Dios...*, op. cit., p. 27.
278 MONTEIRO, Marianna F.M. & DIAS, Paulo. Os fios da trama: Grandes temas da música popular tradicional brasileira, em: Estudos Avançados, USP, vol. 24, n. 69, 2010. Disponível em: <www.cachuera.org.br/cachuerav02/index.php?option=com_content&view=category&layout=blog&id=78&Itemid=59>. Acesso em: 10/4/2013.
279 PRANDI, Reginaldo. O candomblé e o tempo: Concepções de tempo, saber e autoridade na África para as religiões afro-brasileiras, em: *Revista Brasileira de Ciências Sociais*, vol. 17, n. 47, outubro de 2001, p. 44. Disponível em: <www.scielo.br/pdf/rbcsoc/v16n47/7719.pdf>. Acesso em: 10/4/2013.

estrutura social, uma dinâmica de criatividade religiosa através da qual, com um universo linguístico-simbólico próprio, passaram a reinventar expressões religiosas para enfrentar sua nova situação.[280]

Mas é importante ter em conta que seus mitos e histórias sagradas entraram num processo de reformulação, devido à transmissão oral e aos sincretismos, à penetração do catolicismo obrigatório e ambiental e à escravidão, que debilitou a coerência de sua religião e das próprias etnias. No Brasil, desapareceu o autêntico sacerdócio de Orumilá. Em todo o continente ficaram esquecidas dezenas de orixás africanos. Em Cuba, no caso da Santeria, a mitologia foi reelaborada para estabelecer grupos de parentesco entre os orixás. Valeu o prestígio de alguns sacerdotes ou sacerdotisas que permitiu, na memória coletiva, a preservação de certa unidade e de um alto grau de fidelidade às fontes.[281]

Aqui destacamos o vodu haitiano, e, da parte do Brasil, o candomblé. Pelo fato de tratarmos de religiões no período colonial, não incluímos a umbanda, importante religião afro-brasileira nascida na época da República.

O vodu do Haiti

O Haiti tem uma história conturbada, marcada por um escravismo especialmente violento, pobreza econômica que persiste, catástrofes naturais, golpes imperialistas e intervenções militares. Mas seu povo é heroico, revolucionário, criativo e religioso na resistência.

A herança africana deixou evidências em toda parte dessa ilha montanhosa. Nos campos, pequenos tambores dão o ritmo ao manejo das enxadas, enquanto ecoam canções distantes em creóle, língua recriada pelos negros. Nas casas, fumegam panelas e marmitas de painço, cará e mandioca, prontas para a festa da colheita. Anciãos concedem audiência em terreiros à beira da estrada, patriarcas exercem autoridade, mulheres lideram a economia de mercado, valoriza-se o trabalho coletivo e a pro-

---

[280] PARKER, Cristián. *Religião popular e modernização capitalista: outra lógica na América Latina*. Petrópolis: Vozes, 1996, pp. 26-28.
[281] ESPÍN, O. *A fé do povo...*, *op. cit.*, pp. 269-272.

priedade comunitária da terra. E a religião fornece o vínculo essencial a esse povo de sobreviventes e de espíritos, de vivos e mortos.[282]

Mas, a religião, majoritariamente o vodu, tem que ser entendida dentro do processo histórico da revolução dos escravos que ali se libertaram. Sua trajetória revolucionária durou 12 anos e foi coroada no dia 1º de janeiro de 1804, quando eles fizeram a independência e chamaram seu país de Haiti.

Note-se que o Caribe do século XVII já era palco de colônias diversas, divididas entre católicas e protestantes. A França intensificava sua influência na ilha que, descoberta por Colombo, fora batizada pelos espanhóis como *La Española*, com o centro colonizador chamado Santo Domingo. Em 1697 a Espanha, com seu poder enfraquecido, assinou com a França o Tratado Ryswick, que determinou a passagem da parte ocidental da ilha para o domínio francês. Assim, a França estabeleceu sua colônia com o nome de Saint Domingue.

Porém, os conflitos entre espanhóis e franceses continuaram e a parte oeste da ilha também acabou sob o domínio da França. À custa do trabalho forçado e de castigos cruéis impostos a cerca de meio milhão de negros dominados por apenas 30 mil brancos, Saint Domingue tinha imensas plantações, principalmente de cana. Acelerou a produção de açúcar e tornou-se uma colônia tão próspera que, nas últimas décadas do século XVIII abastecia dois terços do comércio ultramarino da França. Era invejada na Europa como a "Pérola do Caribe".[283]

Os escravos ali eram procedentes principalmente de Guiné, Angola, Nigéria, Senegal e Sudão, que chegavam do golfo de Benin e também do reino de Uidá, que fora ocupado pelo rei de Daomé. Entre eles predominaram os de tribos pertencentes à família linguística dos fon, de Daomé e do Togo. Ora, esses fon, na África, cultuavam seus *vodus*, isto é, seus deuses. As esposas e servidoras dos *vodus* eram as *hunsis*, e o sacerdote era o *hungan*, ou *hougan*.[284]

---

282   DAVIS, Wade. *A serpente e o arco-íris: Zumbis, vodu, magia negra. Viagens de um antropólogo às sociedades secretas do Haiti e suas aventuras dignas de um novo Indiana Jones*. Rio de Janeiro: Jorge Zahar Editor, 1985, pp. 67-68.
283   *Ibid.*, p. 61.
284   MÉTRAUX, Alfred. *Vodú*. Buenos Aires: Editorial SUR, 1963, pp. 17-29.

Assim, foi principalmente do panteão dos fons e dos iorubás que o vodu haitiano herdou suas divindades, chamadas *loas*, como Legba, Damballah--wèdo e sua esposa Aïda-wèdo, Hevieso, Agasú, Ezili, Agué-taroio, Zaka, Ogú, Chango. Os negros realizavam, em locais secretos, reuniões noturnas e danças que, a princípio, foram chamadas *calendas*, com ritos e cânticos específicos para cada uma das loas. Essa prática clandestina de culto era para eles, ao mesmo tempo, um refúgio e uma forma de resistência contra a opressão. Seu apego aos deuses e toda a energia para honrá-los persistiu apesar dos terríveis castigos sofridos por participarem das cerimônias, vistas pelos colonizadores como bruxaria.[285]

Porém, o objetivo alegado da conversão dos negros à fé católica quase não foi levado em conta pelos colonos. A medida realmente posta em prática foi a disposição do Código Negro de 1865, relativa ao batismo, que era vivamente desejado pelos negros, porque a água benta fazia parte da sua iniciação na vida da plantação e ser batizado fazia ser poupado do desprezo dos negros crioulos que seriam seus companheiros de infortúnio.[286]

Dessa maneira, no contexto do catolicismo obrigatório, o vodu é uma religião recriada através do sincretismo afro-católico. Tem um evidente caráter político, foi a primeira forma de resistência contra a escravidão e contribuiu significativamente para a libertação dos escravos e a independência do Haiti.[287]

Sua origem se deu em 1757, quando um escravo originário da Guiné, chamado Makandal, assumiu a liderança de um grupo de fugitivos, valendo-se das crenças do vodu num sentido de luta contra os brancos. Makandal incitava os negros a matarem os brancos através de veneno. Porém, durante uma cerimônia de vodu, foi capturado e queimado vivo. Os negros, no entanto, passaram a venerar Makandal como profeta.

---

[285] Esses deuses ainda hoje são cultuados nas cidades e aldeias africanas de Togo, Daomé e Nigéria. As assembleias dos negros e as calendas foram proibidas por diversas vezes, inclusive para os negros livres, após as 9 horas da noite. E donos de plantações foram punidos por terem permitido essas práticas. Em 1765 foi criado um corpo de tropas policiais, com o nome de Primeira Legião de Santo Domingo, para reprimi-las. MÉTRAUX, A. *Vodú, op. cit.*, pp. 19-20; 23-24.
[286] O artigo 2 do Código Negro, de 10 de março de 1865, prescrevia a obrigatoriedade do batismo e da instrução na Igreja Católica. *Ibid.*, p. 24.
[287] *Ibid.*, p. 32. HURBON, L. *O deus da resistência negra, op. cit.*, p. 68.

Além disso, passaram a usar toda sorte de venenos, sortilégios e malefícios, chamando tudo isso de *makandals*. Obviamente, havia proibições e repressão da parte dos senhores da colônia.[288]

Às vésperas da Revolução Francesa, o vodu já era uma religião organizada e tinha características africanas bem mais destacadas que na forma atual.[289] Em Paris, logo após a Revolução de 1789, constituiu-se a Convenção que proclamou a libertação dos escravos nas colônias francesas. A notícia propagou-se rapidamente em Saint Domingue onde, em 1791, começou uma rebelião dos escravos, ainda de forma caótica, com abandono das plantações, destruição de engenhos, agressão e morte de proprietários. Três anos depois constituiu-se a liderança e a organização da luta, tendo à frente Toussaint L'Ouverture.[290]

No entanto, o marco do engajamento definitivo dos negros na luta por sua libertação e independência como povo foi uma célebre cerimônia religiosa de vodu, preparada com grande sigilo, que ficou conhecida como o mito fundador da nova religião. Após invocarem todos os espíritos para preparar sua revolta, os escravos fizeram um pacto de sangue, a fim de exterminar os brancos e criar uma comunidade autônoma.[291]

Apesar do modo um tanto confuso com que se preserva a tradição desse evento, não há dúvida de que foi um dos pactos de sangue dos daomeanos, através de ritos muito complexos, quando se ligavam aos seus aliados para comprometer-se num empreendimento perigoso.[292]

Os escravos, na senda de Makandal, tramaram com cuidado a sua revolta final. O líder revolucionário e hougan Maroon Boukman Dutty foi quem convocou a histórica reunião, que se realizou na noite de tempestade de 14 de agosto de 1791, numa colina protegida, em Bois Caïman, perto de Morne-Bouge. Através de uma anciã transfigurada

---

288 HURBON, L. *O deus da resistência negra, op. cit.*, pp. 67-69.
289 MÉTRAUX, A. *Vodú, op. cit.*, p. 30.
290 GORENDER, Jacob. O épico e o trágico na história do Haiti, em: *Estudos avançados, USP*, vol. 18, n. 50, janeiro/abril de 2004. Disponível em:
<www.scielo.br/scielo.php?pid=S010340142004000100025&script=sci_arttext#nt5> Acesso em: 10/04/2013.
291 HURBON, L. *O deus da resistência negra, op. cit.*, p. 68.
292 MÉTRAUX, A. *Vodú, op. cit.*, pp. 32-33.

em possessão, as vozes do deus guerreiro Ogum pediram a espada, com a qual, num golpe certeiro, foi sacrificado um porco negro da África. Os líderes da revolução foram designados: Boukman, Jean François, Biasson e Celestin. E as centenas de escravos, um por um, lhes juraram obediência. Boukman levantou-se e pronunciou essa oração com uma voz que lembrava a fúria do vento:[293]

> *Deus que fez o sol que brilha sobre nós lá do alto, que faz o mar enfurecer-se e o trovão estrondear, esse mesmo grande Deus, em seu lugar escondido atrás das nuvens, ouçam-me, vocês todos, está olhando para nós. Ele vê o que os brancos estão fazendo. O Deus dos brancos exige o crime; o nosso deseja apenas bênçãos. Mas esse Deus que é tão bom dirige vocês para a vingança! Ele dirigirá os seus braços, ele nos ajudará. Reneguem a imagem do Deus dos brancos, que tem sede das nossas lágrimas, e escutem a voz da liberdade que fala em nossos corações!*[294]

A colônia francesa sucumbiu ante essa revolta, a única revolta de escravos bem sucedida no mundo desde a antiguidade. Porém, a guerra dos que se libertaram teve ainda que continuar. Napoleão Bonaparte, no auge do seu poder, em dezembro de 1801 tentou restabelecer ali seu império pelo envio de uma gigantesca frota de navios. Muitos líderes haitianos foram torturados e queimados vivos em espetáculos públicos. Os franceses atuavam através de uma política explícita de torturas, humilhações e assassinatos. O líder principal e ex-escravo Toussaint L'Overture, que assumira o posto de governador, foi aprisionado em agosto de 1802 e deportado para a França. Contudo, a vitória foi dos ex-escravos. Os franceses, que haviam perdido mais de 60 mil veteranos das campanhas napoleônicas, tiveram que abandonar Santo Domingo no final de novembro de 1803.[295]

É fato histórico e inegável que os escravos negros revolucionários de Santo Domingo derrotaram um dos melhores exércitos da Europa.

---

293 DAVIS, W. *A serpente e o arco-íris, op. cit.*, pp. 190-191. MÉTRAUX, A. *Vodú, op. cit.*, p. 32.
294 DAVIS, W. *A serpente e o arco-íris, op. cit.*, p. 191.
295 *Ibid.*, pp. 61-62. Toussaint L'Overture morreu prisioneiro na França. Outro ex-escravo, Jean-Jacques Dessalines, liderou a expulsão das tropas francesas e proclamou a independência no dia 1º de janeiro de 1804.

A respeito de como conseguiram isso, Wade Davis lembra que os ministros da França, visando manter a qualquer custo a produção de safras para a exportação, mesmo na impossibilidade do restabelecimento da escravatura e antes que Napoleão tentasse subjugar a ilha pela força, cooptaram escravos forros como parceiros locadores, integrados numa nova forma de mão de obra contratada, e os líderes revolucionários como colaboradores. Porém, os franceses cometeram um erro crítico ao supor que essa liderança se submeteria aos caprichos e arbitrariedades de Paris.[296]

Toussaint L'Overture, 18 meses depois de subir ao posto de governador, já havia restaurado a produção agrícola em dois terços. E os ex-escravos, agora como camponeses livres e proprietários de terra, relutavam a submeter-se a um sistema econômico favorecedor só de uma pequena elite. Mudou a economia e o governo central fracassou. Ora, esses camponeses que tão decisivamente se enraizaram na terra eram quase todos nascidos na África. Vinham de lugares e de tradições culturais distintas. Entre eles havia não só agricultores, mas também artesãos, músicos, ervanários, escultores, entalhadores, trabalhadores em metal, construtores de barcos, fabricantes de tambores, feiticeiros e guerreiros. Não faltavam pessoas de sangue real, ao lado de outros que haviam nascido escravos na África. Todos eles compartilhavam conhecimentos e experiências de todo tipo e também uma tradição oral, com rico repertório de crenças religiosas.[297]

Foi assim que, em 1804, emergiu um Haiti independente, fraco na economia de exportação, mas internamente vigoroso, e por quase um século a única república negra. As várias tradições dos ex-escravos evoluíram, fundiram-se e se transformaram. O catolicismo continuou sendo a religião oficial da elite política e econômica emergente, mas o clero católico, que nos tempos coloniais já havia tido ali uma fraca presença, perdeu virtualmente toda a influência. E o novo país, visto como um espinho encravado no flanco de uma era imperialista, nos

---

296 *Ibid.*, p. 63.
297 *Ibid.*, pp. 63-65.

primeiros anos do século XIX sofreria do isolamento imposto pelas potências europeias.[298]

Dentro de todo esse processo histórico, o vodu se foi afirmando na apropriação dos ritos católicos, reinterpretados à maneira dos cultos africanos. Com uma linguagem própria, significou para os escravos a consciência da sua diferença em relação ao mundo dos senhores, mesmo porque o catolicismo obrigatório se lhes afigurava como afirmação do poder dos brancos. Era também a força que aguçava a sua capacidade de luta. Além disso, desde cedo o ritual fazia com que a África perdida se lhes tornasse presente, seus antepassados reaparecessem e sua história rompida fosse recomposta. Ao chamado do hougan, as *loas* das águas subterrâneas vinham à terra para atendê-los.[299]

Os ex-escravos criaram uma sociedade baseada em suas próprias tradições ancestrais, voltados para a antiga pátria africana ressignificada, como a Guiné mítica. Seu vínculo essencial está na religião. Mas o vodu não é um culto isolado, e sim um sistema de crenças com uma complexa visão de mundo mística. É religião que cria ordem a partir do caos e que faz parte da vida cotidiana dos crentes.[300]

Infelizmente, o vodu tem sido alvo de perseguições, sempre na tentativa de neutralizar sua força política. Governantes haitianos intolerantes o perseguiram, em nome de ostentar para o mundo a República do Haiti como "civilizada". Mas também a Igreja Católica reprimiu e combateu duramente essa religião. Em 1860 se fez uma concordata entre o Haiti e o Vaticano, seguindo-se uma campanha contra ela, vista como barbárie e superstição da africanidade. Apesar de tudo, o vodu solidificou-se como religião de dupla pertença.[301]

Por isso, a primeira constituição do Haiti, em 1887, reconheceu como próprias do país a língua creole e a religião vodu. Apesar disso, a repressão continuou e o vodu só pode resistir na clandestinidade e no sincretismo com a religião cristã, através de táticas de ocultamento, sigilo

---

298 *Ibid.*, pp. 65-66.
299 HURBON, L. *O deus da resistência negra, op. cit.*, pp. 85-88; 68-69.
300 DAVIS, W. *A serpente e o arco-íris, op. cit.*, pp. 64; 67-68.
301 HURBON, L. *O deus da resistência negra, op. cit.*, p. 69.

e realce a imagens que provocam medo. Com a ocupação do Haiti pelos Estados Unidos, de 1915 a 1934, houve tentativas de utilização do vodu para desmobilizar os haitianos, mas também não faltaram movimentos pela superação dos preconceitos contra a cultura haitiana e de apoio a essa religião como fator de dignidade humana e de mobilização.[302]

Segundo Hurbon, o vodu é fator de unidade, coesão e resistência do povo haitiano. Por seu caráter essencialmente comunitário, é religião que assegura relações fraternas e solidárias. Propõe um sistema de valores; oferece uma referência cultural e identitária; codifica uma simbologia e ajuda a preservar a memória coletiva desde a África; valoriza o corpo, os cantos, as danças; cura por meio das ervas, tem função psicossocial, cultiva a harmonia do cosmo e o respeito à natureza.[303]

O hougan é o pilar da comunidade religiosa; é sacerdote, teólogo, líder moral e religioso, que interpreta um complexo corpo de crenças, lê o poder em folhas e o significado em pedras. Porém, ele não controla o acesso ao domínio espiritual, pois o vodu, com suas confrarias secretas, é uma religião na qual cada crente tem contato direto com os espíritos e os recebe em seu corpo. É religião que consubstancia um conjunto de conceitos espirituais e prescreve um modo de vida, uma filosofia e um código de ética social. É um sistema fechado de crenças, no qual nenhum evento possui vida própria.[304]

O candomblé da Bahia

Falamos dos escravos negros como agentes históricos ativos no universo religioso. Mas não é fácil encontrar pistas claras da sua atuação, porque os documentos que temos foram produzidos por mãos de brancos e não dão declarações explícitas sobre práticas que os próprios escravos sabiam ser temidas, proibidas pelos senhores ou, ao menos, estranhas.[305]

---

302 JEAN-PIERRE, Jean Gardy. *Haiti, uma República do Vodu? Uma análise do lugar do Vodu na sociedade haitiana à luz da Constituição de 1987 e do Decreto de 2003*. Dissertação de Mestrado em Ciências da Religião. São Paulo: PUC-SP, 2009.
303 HURBON, L. *O deus da resistência negra, op. cit.*, pp. 85-88.
304 DAVIS, W. *A serpente e o arco-íris, op. cit.*, p. 68.
305 FARIA, S. de C. *A colônia em movimento, op. cit.*, pp. 289; 293.

No Brasil, temos as mais antigas imagens de escravos em postura de dança nas telas de Frans Post, no século XVII, principalmente nos seus quadros intitulados *Casa em construção em Sirinhaém e Ruínas do Carmo em Olinda*. Também em seu *Mapa de Pernambuco, inclusive Itamaracá*, de 1643. Frans Post mostra assim os negros escravos: em pequenos grupos, dançando ao som de tambores do tipo candongueiro, isto é, presos à altura da cintura por uma correia passada transversalmente sobre o ombro direito, e também ao som de chocalhos de cabaças.[306]

A cena retratada no quadro *Dança de negros* envolve três músicos sentados num tronco de árvore tombado. Dois deles tocam com as mãos tambores presos entre as pernas, como é tradicional nos candomblés, e um terceiro, ao centro, raspa um longo reco-reco em forma de bastão, que no século XIX seria chamado macumba. Onze outros negros dançam em volteios, fazendo roda em torno de uma mulata com vestido de cauda longa, de braços abertos em atitude estática. Trata-se de um xangô do tempo da ocupação holandesa em Pernambuco. Ali, em certas ocasiões os escravos africanos conseguiam exercitar seus ritmos e danças, com percussão ruidosa. Eram suas horas de folga, de práticas de religião e também de música de guerra. Os portugueses chamavam genericamente a essas cerimônias de "batuques".[307]

Escritores e poetas também fazem referência aos cultos dos negros. Na Bahia, Dom Francisco Manuel de Melo queixou-se num soneto de ser "perturbado no estudo por bailes de bárbaros", o batuque que irrompia ao cair da noite. Na verdade, era a cerimônia religiosa dos escravos conhecida como *calundu*.[308]

---

306 O quadro de Frans Post intitulado *Casa em construção em Sirinhaém* encontra-se na coleção da Mauritshuis, em Haia. O quadro *Ruínas do Carmo em Olinda* está no acervo do Museu Nacional de Belas Artes do Rio de Janeiro. O *Mapa de Pernambuco, inclusive Itamaracá* faz parte do conjunto cartográfico de Georg Macgraf, de 1643, que está incluído no livro de Gaspar Barlaeus, *História dos feitos recentemente praticados durante oito anos no Brasil*, publicado em 1647. Cf. TINHORÃO, José Ramos. *Os sons dos negros no Brasil. Cantos, danças, folguedos: origens*. São Paulo: Art Editora, 1988. Uma nova edição é de São Paulo, Editora 34, 2008.
307 TINHORÃO, edição de 2008, *op. cit.*
308 *Ibid*. Dom Francisco Manuel de Melo era escritor, soldado e diplomata português, escreveu esse soneto quando esteve desterrado na ilha de Itapagipe, entre 1655 e 1658. Consta como "Soneto 7" na sua coletânea *Obras métricas*. Foi transcrito na íntegra por Edgard Prestage em seu livro: *D. Francisco Manuel de Melo: Esboço biográfico*. Coimbra: Imprensa da

Essas cerimônias artístico-religiosas dos negros, das quais participavam também brancos pobres, eram alvo de perseguições, mas também de uma relativa tolerância e até mesmo de apoio declarado. Os senhores as viam como folguedos, mas as categorizavam como honestas ou desonestas, segundo sua chave dualista. Honestos seriam os cortejos e folias que acompanhavam os reinados nas irmandades, como devoções católicas populares. Já os batuques, classificados como desonestos, eram proibidos e perseguidos, temidos como ajuntamentos perigosos de negros. Na verdade, os batuques eram encontros com danças, cantos e tambores, com um caráter mais reservado, situados fora da esfera pública. Sua verdadeira natureza sempre escapou da compreensão dos observadores brancos.[309]

O governador de Pernambuco, por exemplo, apontou os batuques de cunho religioso que deviam ser proibidos: "Aqueles que os pretos da costa da Mina fazem às escondidas, ou em casas ou roças, com uma preta mestra com Altar de Ídolos". Não era preciso proibir os destinados ao lazer, "que ainda que não sejam os mais inocentes são como os fandangos de Castela e as fofas de Portugal".[310]

Porém, no final do século XVII, os senhores brancos já viam essas cerimônias como cultos religiosos. Assim, houve perseguição da parte do governo civil e da parte da Igreja Católica. A população entrava em pânico quando as autoridades da Igreja faziam as visitações do Santo Ofício da Inquisição.[311]

O poeta satírico Gregório de Matos Guerra mostra sua percepção de que a cerimônia dos negros é culto religioso porque eles incluem a invocação das entidades chamadas *calundus*:

> *Que de quilombos que tenho*
> *com mestres superlativos,*

Universidade, 1914.
309 MONTEIRO, M. & DIAS, P. *Os fios da trama*, op. cit.
310 Esse parecer do governador de Pernambuco, Dom José da Cunha Grã Ataíde, entre 1768 e 1769, foi seguido pelo ministro Martinho de Melo, que mandou proibir, por decreto régio, as "danças supersticiosas e gentílicas". TINHORÃO, J.R. *Os sons dos negros no Brasil*, op. cit., pp. 43-44.
311 FARIA, S. *A colônia em movimento*, op. cit., p. 306.

*nos quais se ensinam de noite
os calundus, e feitiços.*

*Com devoção os frequentam
mil sujeitos femininos,
e também muitos barbados,
que se prezam de narcisos.*

*Ventura dizem, que buscam;
não se viu maior delírio!
Eu, que os ouço, vejo, e calo
por* não poder diverti-los.

*O que sei, é, que em tais danças
Satanás anda metido,
e que só tal padre-mestre
pode ensinar tais delírios.*

*Não há mulher desprezada,
galã desfavorecido,
que deixe de ir ao quilombo
dançar o seu bocadinho.*

*E gastam belas patacas
com os mestres de cachimbo,
que* são todos jubilados
em depenar tais patinhos.

*E quando vão confessar-se,
encobrem aos padres isto...*[312]

O candomblé, propriamente, nasceu no início do século XIX, entre escravos de vários grupos nigerianos que, capturados pelo reino de Daomé em guerra contra seus vizinhos, foram depois traficados para o

---

312 MATOS, Gregório de. *Obras completas*. Salvador: Janaína, 1969, pp. 15-16. As referências desse poeta aos *calundus* aparecem por ocasião de sua estadia na Bahia, entre 1679 e 1694. Na primeira delas, apresentando-se como procurador da Bahia, quer inocentá-la dos defeitos, que não seriam culpa sua, "mas sim dos viciosos moradores, que em si alberga". Como consta na obra coordenada por Cordeiro da Mata, *Ensaio de dicionário Kimbundu-Português*, editada em 1893, o termo "calundu" deriva de "kilundu", divindade secundária responsável pelo destino de cada pessoa. Apud ANDRADE, Mário P. de. *Origens do nacionalismo africano. Continuidade e ruptura nos movimentos unitários emergentes da luta contra a dominação colonial portuguesa: 1911-1961*. Lisboa: Dom Quixote, 1997.

Brasil. Eram escravos de tribos originárias do centro de Daomé, chamados jejes, e também os iorubás, chamados nagôs, dos quais o grupo keto foi o mais numeroso e acabou exercendo maior influência na organização da nova religião.[313]

Os primeiros grupos organizados de culto só puderam surgir no contexto da escravidão urbana do século XIX. Nas prósperas capitais do nordeste e no Rio de Janeiro, os escravos urbanos comerciantes, conhecidos como "de ganho", circulavam pelas ruas com relativa liberdade e assim podiam formar grupos segundo sua etnia. Escravos jejes, nagôs, malês e haussás, angolas e congos passaram a reunir-se em locais afastados, para praticarem seus cultos tradicionais, nos quais os espíritos ancestrais e as divindades relacionadas às forças da natureza e à vida em sociedade ocupavam o corpo de seus sacerdotes durante o transe místico.[314]

Na Bahia, o candomblé nasceu como religião dos orixás segundo as tradições dos nagôs (iorubás), mas também com influências de costumes trazidos pelos jejes (fon) e, residualmente, com influências de grupos africanos minoritários. Desde o início congregou aspectos culturais originários de diferentes cidades iorubanas, de modo que emergiram diferentes ritos ou nações de candomblé, como keto, ijexá, efá.[315]

A origem dos primeiros terreiros em Salvador, Bahia, é assim vista por Verger:[316]

> *O ambiente religioso era o das confrarias católicas por separação racial, que acabaram favorecendo o reagrupamento de negros, libertos ou não. Assim, na continuidade dos batuques, um século depois afirmou-se o culto aos orixás, praticado fora das igrejas, considerado superstição pela perspectiva da ortodoxia católica ou simplesmente ignorado.*

---

313 SANTOS, Joana Elbein dos. *Os nagôs e a morte*. Petrópolis: Vozes, 1988, p. 28. VASCONCELOS, Sergio Sezinho Douets. Religião e identidade: O candomblé e a busca da identidade brasileira, em: *Revista de teologia e ciências da religião*, Universidade Católica de Pernambuco. Ano 1, n. 1, janeiro de 2002, p. 156.
314 MONTEIRO, M. & DIAS, P. Os fios da trama, *op. cit.*
315 PRANDI, R. O candomblé e o tempo, *op. cit.*, p. 44.
316 VERGER, Fatumbi Pierre. *Orixás: deuses yorubas...*, *op. cit*. O autor pesquisou detalhadamente a gênese do candomblé na Bahia, optando pelos relatos de Mãe Senhora Oxum Miua, cujo nome de batismo é Maria Bibiana do Espírito Santo. Tendo-se iniciado no candomblé, tornou-se filho espiritual de Mãe Senhora, uma descendente direta das mulheres fundadoras do terreiro da Barroquinha. Essa informação ele mesmo dá na obra citada, pp. 28-29.

As confrarias dos negros eram a Venerável Ordem Terceira do Rosário e de Nossa Senhora das Portas do Carmo, fundada na Igreja de Nossa Senhora do Rosário do Pelourinho e constituída pelos pretos de Angola; a Confraria de Nosso Senhor Bom Jesus das Necessidades e Redenção dos Homens Pretos, na capela do Corpo Santo, situada na parte baixa da cidade, e que era constituída pelos gegês; e duas irmandades eram formadas pelos nagôs, na maioria pertencentes à nação Kêto: a de Nossa Senhora da Boa Morte, constituída por mulheres, e a de Nosso Senhor dos Martírios, constituída por homens.

Foram justamente as mulheres nagôs do Kêto, membros da Irmandade Nossa Senhora da Boa Morte, da Igreja da Barroquinha, que estiveram mais diretamente na gênese do candomblé. A iniciativa de criar o primeiro terreiro ali nas proximidades foi de duas delas, escravas libertas, enérgicas e voluntariosas: *Iyalussô Danadana* e *Iyanassô Akalá*, ou *Aká*. Foram auxiliadas por um homem conhecido como *Babá Assiká*. O terreiro, numa casa situada na Ladeira do Berquo, hoje Rua Visconde de Itaparica, chamou-se *Iyá Omi Àse Àirá Intilè*. As diferentes versões não coincidem quanto aos detalhes desse início, nem quanto à data e aos nomes dessas mulheres.

Iyalussô e Iyanassô viajaram para Kêto, na África. Essa segunda foi com sua filha Marcelina da Silva,[317] ou Marcelina *Obatossí* que, por sua vez, levou consigo a filha Madalena. Foram sete anos de permanência em Kêto, após os quais o pequeno grupo voltou à Barroquinha acrescido de duas crianças, filhas de Madalena, que também estava grávida de uma terceira criança. Essa criança seria Claudiana, de quem Mãe Senhora é filha. *Iyalussô Danadana* falecera em Kêto. E junto com a filha e as netas de Marcelina *Obatossí* também veio um africano chamado *Bangboxé*, que na Bahia passou a se chamar Rodolfo Martins de Andrade.

Marcelina *Obatossí* dedicou-se ao terreiro como mãe de santo, posto que ocupou após a morte de sua mãe *Iyanassô*. O terreiro persiste até hoje, mas teve que mudar de lugar por diversas vezes. Por volta de 1826, a

---

[317] Segundo Verger, as versões são controversas quanto ao parentesco de Marcelina da Silva com Iyanassô Akalá. Pode ter sido sua filha de sangue, ou prima, ou mesmo filha de iniciação no culto dos orixás, mas há uma concordância em que seu nome de iniciada era *Obatossí*.

polícia da Bahia, ao efetuar buscas para prevenir levantes de africanos na cidade de Salvador e nas redondezas, recolheu desse terreiro atabaques e outros objetos de culto. Uma notícia de jornal, do ano de 1855, fala da prisão de diversas pessoas, entre livres e escravas, que estavam numa reunião chamada de "candomblé", no Engenho Velho, justamente na casa *Ilê Iyanassô*.[318]

Com a morte de Marcelina *Obatossí*, Maria Júlia Figueiredo a sucedeu como mãe de santo com o nome de *Omonike Iyálódé*, ou *Erelú* para a sociedade dos geledé. Mas, nessa sucessão houve conflitos entre os membros mais antigos, de tal forma que do terreiro da Barroquinha originaram-se dois novos terreiros.

Um deles, o terreiro *Iyá Omi Àse Íyámase*, foi fundado no alto do Gantois por Júlia Maria da Conceição Nazaré, filha de santo ou irmã de santo de Marcelina *Obatossí*. Seu nome religioso era *Dada Báayani Àjàkú*. Mas também teve papel importante nessa fundação *Babá Adetá Okandelê*, consagrada a Oxóssi e também ela originária de Kêto. Na sucessão das mães de santo do terreiro de Gantois, a quarta, que encerra a antiga geração, foi Escolástica Maria da Conceição Nazaré, popularmente conhecida como Mãe Menininha.

O outro terreiro foi o Centro Cruz Santa do *Axé do Opô Afonjá*, fundado por Eugênia Ana Santos, chamada Aninha *Obabii*, consagrada a Xangô. Auxiliou-a Joaquim Vieira da Silva, ou *Obasanya*, um africano vindo do Recife. Instalado provisoriamente num bairro do Rio Vermelho chamado Camarão, em 1910 passou a São Gonçalo do Retiro e rapidamente alcançou importância. Aninha *Obii* foi sucedida em 1938 por Maria da Purificação Lopes, ou Tia *Badá Olufandeí*. O encargo de mãe de santo passou em 1941 a Maria Bibiana do Espírito Santo, a Mãe Senhora *Oxum Miua*, filha espiritual de Aninha *Obabii*.

Em meio à complexidade das filiações, é importante a figura de Mãe Senhora, bisneta de *Obatossí* por laços de sangue e neta pelos laços espirituais da iniciação. O estudioso Pierre Verger diz ter sido portador de uma carta do *Aláàfin Óyo*, da Nigéria, em 1952, que conferiu a Mãe

---

318 Trata-se de um artigo do *Jornal da Bahia*, de 3 de maio de 1855.

Senhora o título honorífico de *Iyanassô*. Desse modo, ela tornou-se espiritualmente a fundadora dessa família de terreiros de candomblé da nação Kêto, na Bahia, que teve origem na Barroquinha. Essa dignidade recebida da África, entretanto, não deixou de provocar comentários e rumores na tradição do candomblé.

Ao falecer, em 1967, Mãe Senhora foi sucedida por duas novas mães de santo. Uma delas, Maria Estella de Azevedo Santos, ou *Odekayòdé*, retomou a tradição de *Iyanassô* e de *Obatossí*, realizando uma viagem à África, especificamente à Nigéria e ao ex-reino de Daomé. Em outras gerações vindas dessa família de candomblés originados na Barroquinha não faltaram pessoas que fizeram peregrinações à África, em busca das fontes da religião.

Essas viagens que estabeleceram relações entre a Bahia e as terras africanas foram fundamentais para o surgimento do candomblé, desde os filhos de africanos da primeira geração, que foram buscar conhecimento e educar-se em Lagos, na África. Ao retornarem à Bahia, sua influência possibilitou uma reafricanização dos cultos e a preservação das tradições africanas. Mas também muitos africanos libertos, bem como seus descendentes, voltaram à África, onde completaram seus conhecimentos dos rituais religiosos e lá permaneceram. Pelo fato de serem abrasileirados, lá constituíram guetos, que foram de grande importância para as relações comerciais, porque garantiam os produtos africanos necessários para o culto.

Em 1875 foi fundado o primeiro terreiro de candomblé de Pernambuco, chamado Terreiro *Yemanjá Ogunté*, conhecido atualmente como Sítio de Pai Adão. Entre os terreiros originários, esse é considerado o terceiro em todo o Brasil.[319]

O terreiro da Barroquinha persiste atualmente na cidade de Salvador, na Bahia, com o nome de *Ilê Iyanassô*. Situa-se na avenida Vasco da Gama, no local popularmente conhecido como Engenho Velho.

---

319 O Sítio de Pai Adão foi tombado pelo governo do Estado do Pernambuco, em 1986, como patrimônio histórico e cultural. Conta atualmente com mais de 70 filiais no Brasil e uma em Portugal. Pode-se ver a respeito: AMARAL, R. *Sítio de Pai Adão: Ritos africanos no xangô do Recife*. Governo do Estado de Pernambuco, Secretaria da Cultura, Fundação do Patrimônio Histórico e Artístico do Pernambuco. CD, 2005.

Originalmente, na Nigéria e em Daomé, os orixás estavam ligados ao grupo familiar. A noção era a da família numerosa, com origem num mesmo antepassado, englobando os vivos e os mortos. Havia confrarias ao redor dos santuários, onde a aprendizagem e os ritos de iniciação se faziam coletivamente. Porém, dentro do sistema escravocrata, no Brasil, era impossível uma continuidade daquela estrutura familiar africana, de maneira que o orixá tornou-se individual, ou seja, cada indivíduo tem o seu orixá.[320]

Entretanto, no terreiro, a família de santo reestrutura características da antiga estrutura familiar africana. Ao redor da *Ialorixá* e do *babalorixá*, os filhos ou as filhas de santo reelaboram a experiência familiar. A relação entre o fiel e o sacerdote ou a sacerdotisa é uma relação filial.[321]

A dupla pertença afirmou-se fortemente, de modo que o fiel do candomblé não deixou de ser também fiel católico. Isso é perfeitamente compreensível, pois a população negra não tinha outra possibilidade senão a de utilizar o arsenal mítico-simbólico do cristianismo. Porém, os negros e as negras submetidos à escravidão não assumiram a teologia cristã com seus conceitos metafísicos. É verdade que se utilizaram das procissões, dos santos e dos ritos litúrgicos católicos, mas o fizeram para celebrar suas divindades e a tradição de seus antepassados.[322]

Sérgio Vasconcelos, lembrando a carga histórica do escravo no Brasil, observa que a resposta dos membros das religiões afro à pergunta oficial pela pertença religiosa quase sempre tem sido o catolicismo. E acrescenta:

> *É na noite, quando os senhores e as senhoras dormem, que os tambores gritam a memória da mãe, a saudade, a unidade perdida... Antes de dormir para enfrentar, no outro dia, a dureza da vida, da exploração no trabalho, nas cozinhas, nas fábricas... Os tambores tocam e, durante algumas horas, o Órum se reencontra com Oiyê, os mitos são contados,*

---

320 CACCIATORE, Olga Gudolle. *Dicionários de cultos afro-brasileiros.* Rio de Janeiro: Brasiliense, 1977, p. 160.
321 VASCONCELOS, Sergio Sezinho Douets. Religião e Iidentidade: O candomblé e a busca da identidade brasileira, em: *Revista de teologia e ciências da religião.* Universidade Católica de Pernambuco, Ano 1, n. 1, janeiro de 2002, p. 164.
322 *Ibid.*, p. 157.

> *a memória da mãe África se faz presente e a identidade é individual e coletivamente reencontrada.*[323]

Hoje, desde terreiros localizados nas mais diferentes regiões do Brasil, um mesmo povo-de-santo, com seus ritos distintos, compartilha crenças, práticas rituais e cosmovisões, interligando-se através de múltiplas teias de linhagens, origens e influências.[324]

É pertinente a afirmação de Martin Dreher de que os milhões de escravos africanos, cristianizados com o uso da violência e sem catequese, tornaram-se oficialmente católicos ou protestantes. As divindades africanas trazidas para a América Latina adaptaram-se ao novo meio, confundindo-se frequentemente com os santos do catolicismo. E as festas africanas confundiram-se com as festas do calendário litúrgico cristão. Porém, não foi no cristianismo que os negros encontraram a forma mais duradoura de resistência, e sim em suas religiões originais, nas quais puderam reconstruir suas identidades. Perseguidas durante séculos, as religiões afro-americanas só começariam a sair de sua clandestinidade na década de 1920.[325]

---

323 *Ibid.*, p. 169.
324 PRANDI, R. O candomblé e o tempo, *op. cit.*, p. 44.
325 DREHER, M.N. *A igreja latino-americana no contexto mundial*, *op. cit.*, pp. 85-86.

VI – UM DEUS EM POLISSEMIA

> *[...] Os reis incas e seus amautas, que eram os filósofos, rastrearam com lume natural ao verdadeiro sumo Deus e Senhor Nosso que criou o céu e a terra...*
>
> Garcilaso de la Vega[326]

Se na América Latina colonial persistiu um imaginário de guerras e de alianças de deuses, por outro lado afirmou-se decididamente a adesão ao Deus único do cristianismo. Porém, essa adesão se fez numa polissemia de mentalidades e de práticas. Por isso, diante da complexidade dos processos de implantação da religião cristã nesse continente, não é suficiente falarmos de vitória do cristianismo sobre as demais religiões. É preciso buscar com especial cuidado as circunstâncias de possíveis adesões e recusas, bem como as trocas entre os que cristianizaram e os que foram cristianizados.

Deus único por redução

Começamos pelos povos nativos, tendo em conta as suas condições problemáticas para uma adesão inteiramente livre ao cristianismo, dado o peso da opressão que sofreram ao longo da época colonial e sua drástica diminuição numérica.

Desde o início da época colonial, a missão cristã junto aos nativos se fez principalmente através das reduções, que consistiam em ajuntá-los em determinados lugares para estabelecer costume entre eles, controlá-los e convertê-los à fé cristã.

É interessante essa definição de redução, que é do jesuíta Ruiz de Montoya:

---

[326] LA VEGA, G. *El Inca*, op. cit, p. 27.

> *Note-se que chamamos reduções aos povos ou povoados de índios que, vivendo à sua antiga usança em selvas, serras e vales, junto a arroios escondidos, em três, quatro ou seis casas apenas, separados uns dos outros em questão de léguas duas, reduziu-os a diligência dos padres a povoações não pequenas e à vida política (civilizada) e humana, beneficiando algodão com que se vistam porque em geral viviam na desnudez, nem ainda cobrindo o que a natureza ocultou.*[327]

Convertê-los pressupunha reduzi-los do seu ser e do seu modo de vida e civilizá-los conforme os padrões europeus. Sua humanização era reduzida à medida em que se iam humanizando nos moldes dos colonizadores. Isso está claro na descrição que os jesuítas fizeram da conversão do cacique Guyravera: "... Ele vai perdendo seu ser e vai se humanizando". E a redução dos povos autóctones era também despajeização e monogamização.[328]

Já o primeiro bispo do México, o franciscano Juan de Zumárraga, insistiu na necessidade de concentrar os nativos em povoados, o que via como único meio de fazer com que eles tivessem a fé e a boa ordem. Entre as várias tentativas inspiradas na proposta de Las Casas esteve o projeto de Vasco de Quiroga, que chegou a concretizar-se nos albergues-aldeias de Santa Fé. Pautado num esforço para conhecer e respeitar os nativos e atrai-los com boas obras, ensinava a doutrina cristã, as primeiras letras e alguns rudimentos de agricultura. Porém, os encomendeiros e outros colonizadores espanhóis ameaçaram invadir as propriedades comunitárias desses albergues-aldeias e acabaram com o projeto de Quiroga.[329]

Já fizemos referência ao modo como, no Brasil, os nativos eram levados através dos "descimentos" às reduções fundadas pelos missionários na costa. Entre as medidas coercitivas, havia o aliciamento. Os jesuítas,

---

327 MONTOYA, A.R. *Conquista espiritual feita pelos religiosos...*, op. cit., p. 34.
328 CHAMORRO, Graciela. Sentidos da conversão de indígenas nas terras baixas sul-americanas: Uma aproximação linguística, em: VV.AA. *Conversão dos cativos*, op. cit., pp. 111-126. A citação dos escritos dos jesuítas é *apud* CORTESÃO, Jaime. *Manuscritos da coleção de Angelis, IV: Jesuítas e bandeirantes no Uruguai (1611-1758)*. Rio de Janeiro: Biblioteca Nacional, 1970, p. 96.
329 Vasco de Quiroga foi o primeiro bispo de Michoacán, no México. Suas primeiras ideias de redução foram expressas numa carta que ele enviou ao Conselho das Índias, em 1531. DURÁN ESTRAGÓ, M. As reduções, op. cit., pp. 516-517.

por exemplo, para fazê-los abandonarem seu *habitat*, aliciavam-nos com promessas de proteção e liberdade e também com objetos materiais, como machados de ferro, roupas, comida abundante e aguardente.[330]

A história dos guaranis missioneiros no sul do continente americano, na Bacia Platina, entre os rios Paraná e Uruguai, é também uma história de jesuítas. Em suas mãos eles chegaram a ter cerca de 30 povoados guaranis reduzidos, cujo florescimento foi notável ao longo do século XVII. Não obstante terem continuado ali o velho modelo missionário de praxe, com a imposição do latim, da liturgia e da civilização europeia ocidental, aqueles jesuítas tiveram o mérito de alcançar certo grau de contradição com o poder colonial. Além disso, como reconhecem muitos pesquisadores, os guaranis aceitaram sua tutela e se converteram sinceramente ao cristianismo.[331]

No entanto, o pioneirismo se deve a um segmento de franciscanos, que lhes abriram caminho desde a primeira metade do século XVI. Em 1538, os frades Bernardo de Armenta e Alonso Lebrón chegaram à ilha de Santa Catarina, no Brasil, com a intenção de reduzir os guaranis da região costeira do Atlântico sul. Só alguns meses depois, Armenta escreveu ao Conselho das Índias que era preciso enviar lavradores e artesãos de toda classe, pois seriam mais úteis que os soldados. E acrescentou: "É mais fácil atrair esses selvagens por meio da doçura que por meio da força".[332]

Isso contrastava com o modo violento, especialmente sob a política reducionista do vice-rei do Peru, Francisco de Toledo. Foi para disponibilizar abundante mão de obra e facilitar a arrecadação de tributo para os espanhóis que ele estabeleceu reduções obrigatórias, embora

---

330 AZZI, Riolando. Método missionário e prática de conversão na colonização, em: SUESS, Paulo (Org.) *Queimada e semeadura: da conquista espiritual ao descobrimento de uma nova evangelização*. Petrópolis: Vozes, 1988, pp. 94-95.
331 Por exemplo: GADELHA, Regina Maria. Jesuítas e Guarani: A experiência missional triunfante, em: Id. (Ed.). *Missões Guarani: Impacto na sociedade contemporânea*. São Paulo: EDUC, 1999, p. 236. Nesse argumento, a autora concorda com SCHADEN, Egon. *A religião guarani e o cristianismo*. Anais do IV Simpósio Nacional de Estudos Missioneiros. Santa Rosa, 1981, pp. 13-37.
332 CANO, Luis. *Las Ordenes Religiosas en los Treinta Pueblos Guaraníes después de la Expulsión de los Jesuitas: los Franciscanos. Separata del Tercer Congreso de Historia Argentina y Regional, Santa Fé. Panamá, Julio de 1975*. Buenos Ayres: Academia Nacional de Historia, 1977, p. 123.

alegando ser seu objetivo deter o extermínio dos "índios". Esses eram arrancados de suas terras, tinham seus ranchos queimados e eram expostos a doenças e epidemias. Em 1570 Toledo fundou em Lima a redução que se chamou *El Cercado*, por ser cercada de muralhas para impedir a fuga. De fato, muitos fugiam por causa das violências múltiplas, da proibição aos seus cultos e do trabalho forçado. Havia a obrigação da mita, isto é, do serviço nas minas de prata e mercúrio, e nas plantações de seus encomenderos, dos 18 aos 50 anos, limite que quase nunca era respeitado. Os fugitivos eram duramente castigados, assim como os que persistiam em seus cultos religiosos, os xamãs e os que eram acusados de roubos e homicídios.[333]

A redução de El Cercado era dividida em 35 partes, cada uma repartida em lotes por *encomiendas*. Os jesuítas ali eram encarregados da direção espiritual, enquanto os caciques tinham que fazer cumprir a *encomienda* e o pagamento regular dos tributos. Havia também um cabido "índio" constituído por regedores, alcaides, alguazil maior, procurador, secretário e mordomos de hospital e de povoado.[334]

Entretanto, em 1575 chegaram ao Paraguai os franciscanos Luis Bolaños e Alonso de San Buenaventura. Encontraram os guaranis dispersos pelos montes, em estado de guerra por causa dos abusos e maus tratos da parte dos encomenderos. Não obstante, esses dois precursores aprenderam a língua guarani e, a partir da fundação do povoado de Altos, em 1580, estabeleceram muitas outras reduções. Antes do final do século XVI já haviam conseguido pacificar e submeter os guaranis. A liderança dos franciscanos doutrinadores cresceu a ponto de substituir os encomenderos. E em 1611, a aplicação das Ordenanças do Ouvidor de Charcas, Francisco Alfaro, fez consolidar-se o poder desses religiosos, que até conseguiram a suspensão da *mita* nos dez primeiros anos de redução.[335]

Embora a defesa dos nativos fosse aliada à prática de submetê-los, pacificá-los e somá-los à *encomienda*, essa missão no Paraguai foi o começo do

---

333 DURÁN ESTRAGÓ, M. As reduções, *op. cit.*, pp. 518-520.
334 *Ibid.*, pp. 518-519.
335 A *encomienda* havia sido implantada no Paraguai pelo governador Domingos Martinez de Irala, em 1566. *Ibid.*, pp. 520-522.

que viria a ser o que se chamou de "reduções livres", periféricas em relação ao sistema colonial, sem os encomendeiros, com os missionários num papel essencial e com instituições econômicas e sociais realçadas. Ademais, o franciscano Bolaños teve o mérito de traduzir para a língua guarani o catecismo, também chamado doutrina.[336]

Falar a língua dos nativos era fundamental, como observou no Brasil o jesuíta Manuel Viegas, em carta ao superior geral da Ordem. Dizia ele que os "línguas" antigos já estavam velhos e precisavam ser substituídos, e que com muitos missionários "línguas" os "índios" não pereceriam "à míngua de línguas". Salientou ainda que:

> Nessa terra, quem sabe a língua dela é teólogo. E muitos padres, que vêm de Portugal, teólogos, nos dizem que se pudesse ser, dariam metade de sua teologia pela língua (indígena). E eu digo a V.P. que não daria a minha língua (indígena que aprendi) por toda sua teologia, e folgaria que eles ficassem com a sua teologia e soubessem também a língua...[337]

Na colônia espanhola, as chamadas línguas gerais, especialmente o náhuatl, o quéchua e o guarani, foram objeto de decisão nos concílios regionais ou provinciais da Igreja Católica.[338]

O 3º Concílio de Lima, em 1582-1583, decidiu que, além de ensinar a língua espanhola às crianças nativas, os missionários deviam aprender suas línguas. Com a suposição de ter sido já firmada a "Nova Cristandade das Índias Ocidentais", novas preocupações eram em relação à metodologia da catequese aos "naturais", considerados de parco entendimento, e também à transposição das estruturas eclesiásticas para a realidade deles, embora proibindo o acesso de "naturais" e de mestiços ao sacerdócio. É oportuno lembrar que o jesuíta José de Acosta foi o secretário desse Concílio e muito o influenciou.[339]

---

336 *Ibid.*, p. 520.
337 Carta do padre Manuel Viegas ao padre geral Aquaviva em 21 de março de 1585, em: LEITE, Serafim. *História da Companhia de Jesus no Brasil*. Lisboa: Portugália; Rio de Janeiro: Civilização Brasileira/ INL, 1938-1949, vol. 9, Apêndice B, p. 385.
338 TOVAR, Antonio & LARRUCEA DE TOVAR, Consuelo. *Catálogo de las Lenguas de América del Sur*. Madri: Gredos, 1984.
339 DAMMERT BELLIDO, José. A evangelização nos concílios limenses, em: SUESS, P. (Org.) *Queimada e semeadura, op. cit.*, pp. 69-75.

No México, o 3º Concílio Provincial realizou-se em 1585. Atenuados os preconceitos mais extremos em relação aos nativos, e com maior experiência no trato com eles, a preocupação dos bispos era a de adaptar as leis existentes aos decretos do Concílio de Trento e às novas circunstâncias do tempo. Porém, o assunto mais discutido foi a deplorável situação desses povos, especialmente nos repartimentos, cada vez mais degenerados em escravidão disfarçada. Ao mesmo tempo, diversos memoriais apresentados insistiram que os "índios", de natureza baixa e imperfeita, deviam ser regidos mais pelo temor do que pelo amor. Chegou-se a dizer que, embora não sendo propriamente idiotas ou imbecis, eles tinham pouca inteligência para os estudos e que suas línguas seriam "vozes não letradas de pássaros ou brutos".[340]

Havia umas poucas vozes discordantes, mas esse Concílio reforçou a compreensão acerca dos nativos como seres de condição rude, pouca capacidade, timidez, inconstância e facilidade de recair na "idolatria". Insistiu em que se devia arrancar até o último vestígio de seus antigos ritos religiosos, com rigor e até mesmo com penas corporais. Proibiu o acesso ao sacerdócio para os "índios", os descendentes de "índios" e de mouros em primeiro grau, os mestiços e mulatos no mesmo grau. E insistiu na necessidade das reduções, para "corrigi-los", incorporá-los à vida civilizada e facilitar a obra dos missionários. Positivamente, condenou com coragem os repartimentos e decretou medidas de proteção aos nativos. Também decretou que se fizesse novo texto do catecismo, com tradução para as suas línguas.[341]

As línguas autóctones tinham seu potencial, mas também seus limites perante os novos usos impostos pela cristianização através das reduções. Numa boa intenção claramente catequética, missionários linguistas como Ruiz de Montoya, no Peru, Luis Bolaños, no Paraguai, e José de Anchieta, no Brasil, esforçaram-se por conhecer bem as línguas

---

[340] LLAGUNO, José. A evangelização nos concílios mexicanos, em: SUESS, P. (Org.) *Queimada e semeadura, op. cit.*, pp. 58-68. A importância maior do 3º concílio provincial ou regional, tanto de Lima como do México, se deve principalmente à proximidade cronológica com o Concílio de Trento.

[341] As conclusões do 3º Concílio Mexicano foram redigidas em forma de carta ao rei da Espanha. *Ibid.*

indígenas e assim assegurar a sua conversão. Porém, tratadas como único meio de tradução do ideário cristão, as línguas dos nativos passaram pela conversão religiosa, sofreram transformações e acabaram intervindo no modo de ser indígena.[342]

Em função das necessidades linguísticas da missão, os missionários aventuraram-se a traduzir essas línguas, criando neologismos e hispanismos, reinterpretando termos e expressões, bem como os hábitos de seus falantes.[343]

Os jesuítas que atuaram entre os guaranis na Bacia Platina não fugiram a essa regra. Sem questionar a ordem vigente, eles assumiram esse produto da norma colonial de prática abusiva que era a redução. Mas a assumiram como um método claramente missionário e com uma significativa diferença de intenção, no aposto ao sistema da *encomienda* e a qualquer forma de escravismo.[344] Também distinguiram-se pela independência na escolha das áreas de sua localização e por conseguirem que as autoridades coloniais aceitassem as imposições que lhes fizeram.[345]

O início dessas missões ocorreu em meio a conflitos e revoltas dos guaranis. Os itatim-guaranis haviam rompido sua aliança com os espanhóis e se refugiado no interior, e os paranás ou tape-guaranis, liderados por seus xamãs, estavam em resistência contra os espanhóis invasores. Além disso, invasões de luso-brasileiros comandados por bandeirantes paulistas destruíram as primeiras reduções

---

342 CHAMORRO, G. Sentidos da conversão de indígenas..., *op. cit.*, pp. 111-126.
343 Essas reinterpretações nem sempre deram certo. Por exemplo, no caso do tronco tupi-guarani, "Deus" foi traduzido por *Tupã* e "Jesus" por *Ñande Jára* (Nosso Dono ou Guardador). Porém, a pregação acerca da redenção do mundo apontava *Tupã*, tanto quanto *Ñande Jára*, como aquele que desceu do céu e derramou seu próprio sangue para nos remir e levar ao céu. Além disso, para os que haviam perdido o *avaporu*, seu ritual antropofágico pautado na lógica de ganhar um nome quebrando o crânio de um contrário, era difícil entender a morte de Jesus em favor da redenção da humanidade. CHAMORRO, G. Sentidos da conversão de indígenas..., *op. cit.*, pp.123-125. O desconhecimento dos códigos culturais dos outros, com seu universo semântico e suas estruturas invisíveis, tornava praticamente impossível um diálogo entre essa prática da "vingança" dos tupinambás e a mensagem do perdão e da gratuidade do evangelho cristão. SUESS, P. A catequese nos primórdios do Brasil, *op. cit.*, p. 26.
344 MELIÁ, Bartolomeu. O Guarani reduzido, em: HOORNAERT, Eduardo (Org.) *Das reduções latino-americanas às lutas indígenas atuais: IX Simpósio Latino-americano da CEHILA*. São Paulo: Paulinas, 1982, pp. 229-230.
345 GADELHA, R.M. *Jesuítas e Guarani, op. cit.*, p. 237.

do Paraguai e provocaram uma migração de nativos guaranis para o sul, que foi liderada pelo superior das missões jesuítas, o padre Antônio Ruiz de Montoya. Essas violências por parte dos bandeirantes paulistas e dos colonos paraguaios, bem como a omissão por parte das autoridades coloniais, acabaram empurrando definitivamente as comunidades para as mãos dos religiosos da Companhia de Jesus, que se viram obrigados a organizar pessoalmente a defesa militar dos seus guaranis.[346]

Muitas cartas e informes dos jesuítas mostram diferentes reações dos guaranis com a entrada da missão no seu território e nas suas aldeias, desde a mais carinhosa acolhida até o ataque verbal e armado, inclusive resultando na morte de alguns padres, considerados pela Igreja Católica como mártires das missões. Os missionários fundadores, não obstante seu etnocentrismo, ganharam a simpatia dos guaranis porque desde o início os viram positivamente com suas capacidades, tinham um alto grau de adaptação, aprenderam a língua, mostraram mansidão e benevolência, especialmente com os mais fracos, velhos e doentes.[347]

A interferência na comunidade guarani se fez aos poucos, desde a aproximação das crianças. Com sua retórica, bem apreciada no mundo guarani, os missionários conquistavam os caciques, ao mesmo tempo em que os presenteavam com instrumentos agrícolas e lhes ensinavam novas técnicas. Nesse projeto missional pacientemente construído, estiveram o aprendizado da língua e dos dialetos guarani, a luta pelos direitos deles, a imposição de novos costumes e o triunfo sobre a magia dos xamãs. Os missionários aproveitaram-se de que o seu exercício de batizar os doentes, curar doenças novas com seus conhecimentos e remédios

---

[346] Os tape-guarani estavam ao sul do Guairá e os itatim-guarani estavam a nordeste de Assunção. Nos primeiros anos constituíram-se as reduções do Guairá, Paraná e Itatim. Foram os de Guairá que migraram para o sul. *Ibid.*, pp. 239-243.
[347] MELIÀ, Bartolomeu. As reduções guaraníticas: Uma missão no Paraguai colonial, em: SUESS, P. (Org.) *Queimada e semeadura, op. cit.*, pp. 77-81. O autor, especializado nesse assunto, pesquisou uma ampla documentação histórica, na qual buscou reconstruir, ao menos em parte, o modo de ser guarani. Pode-se consultar sua obra *El Guaraní Conquistado y Reducido. Ensayos de Etno-historia*. Biblioteca Paraguaya de Antropología, vol. 5, Centro de Estudios Antropológicos. Assunção: Universidade Católica de Assunção, 1986.

desconhecidos pelos xamãs, medalhinhas e imagens da Virgem Maria ou de São Nicolau, tudo isso era visto pelos guaranis como magia.[348]

Nos confrontos entre jesuítas e xamãs guarani, muitas vezes os guaranis tomaram partido contra seus xamãs e a favor dos missionários, vendo esses como uma espécie particular e mais poderosa de xamãs. Aliás, o xamanismo guarani parece ter influenciado os jesuítas a acentuarem a dimensão profética da sua missão, colocando-se como uma espécie de "feiticeiros de Deus", a comunicar e comentar sonhos e visões como um recurso privilegiado para apresentar a doutrina da fé, principalmente quanto às verdades escatológicas. Essa dimensão carismática e profética do início, com milagres, sonhos e visões, foi perdendo expressão à medida em que as reduções ganhavam estabilidade e se iam institucionalizando.[349]

No entanto, foi quando os guaranis missioneiros venceram a célebre batalha de Mboré contra os bandeirantes paulistas, em 1641, que se firmou definitivamente a liderança espiritual, militar e material dos jesuítas sobre eles. Infelizmente, essa liderança se consolidou também por causa da fome, da peste e da diversidade de opinião entre os caciques, com a consequente desestruturação do modo de vida guarani.[350]

Vale ressaltar que o processo de formação dessas reduções não ultrapassava a sujeição sociocultural através da "conquista espiritual", embora sendo uma versão mitigada de conquista. Novidades eram atrair os nativos com machados de ferro e com a possibilidade de novas roças, a seleção de caciques amigos para potenciá-los com novos atributos de poder e fazê-los aliados na luta contra os xamãs ou feiticeiros, a promessa de libertação do sistema da *encomienda* e a tutela constituída por um "governo espiritual" dos padres.[351]

Como essas reduções estavam em regiões estratégicas, fronteiriças com o território português, os administradores coloniais valiam-se delas para interditar o comércio de contrabando. Por sua vez, os jesuítas

---

348 GADELHA, R.M. *Jesuítas e Guarani, op. cit.*, pp. 242-243.
349 *Ibid.*, pp. 83-84.
350 *Ibid.*, pp. 239-240; 244.
351 MELIÀ, B. As reduções guaraníticas, *op. cit.*, p. 81.

valeram-se do pretexto da necessidade de preservar os recém-convertidos do contato com colonos do Paraguai que lhes transmitiriam os maus exemplos de sua vida desregrada, e transformaram essas reduções em áreas privadas, nas quais só podiam entrar os membros da Companhia e pessoas por ela autorizadas. Progressivamente aproveitaram-se também das aptidões guerreiras dos guaranis missioneiros, transformando-os em guardiães de fronteiras a serviço do rei da Espanha.[352]

Essa relativa independência de atuação dos jesuítas, desde o início trouxe conflitos com as autoridades eclesiásticas e civis de Assunção. Mas, ao longo da segunda metade do século XVII as reduções guaranis se consolidaram nos campos rio-grandenses e alcançaram seu esplendor, com doutrinação, trabalhos de construção dos povoados, vacarias, ervais e a administração das próprias reduções. Artesãos e artistas guarani construíram igrejas, pontes, estradas, obras de incontestável valor artístico e arquitetônico, além dos músicos e cantores, que causaram admiração às autoridades da Igreja e do governo.[353]

O comunitarismo concretizou-se em diversas reduções, em que os frutos do trabalho na terra e a criação de gado, bem como a tecelagem e a produção nas oficinas, tudo era usufruído pela comunidade, que também mantinha o culto e pagava o tributo anual ao rei. E não faltava o comércio interno e externo, principalmente com a venda de produtos da terra e tecidos de algodão. Por outro lado, dada a mentalidade de que os nativos eram "menores cujo tutor e curador é o padre", os jesuítas doutrinadores é que administravam os bens da comunidade.[354]

É conhecida a tragédia da destruição dessa importante área missionária.

No Brasil, impunha-se o projeto do Marquês de Pombal, pautado nos princípios do mercantilismo e da ilustração, com a pretensão de nacionalizar a Igreja Católica no reino português. Em 1750, os monarcas de Portugal e da Espanha, após longas tratativas, aceitaram o "Tratado de Limite das Conquistas", ou Tratado de Madri, que, entre outras medidas de revisão dos limites das duas colônias, impôs

---

352 GADELHA, R.M. *Jesuítas e Guarani*, *op. cit.*, pp. 237-239.
353 *Ibid.*, p. 239.
354 DURÁN ESTRAGÓ, M. As reduções, *op. cit.*, pp. 526-527.

uma permuta de reduções guarani. Portugal entregaria à Espanha a do Sacramento e a Espanha daria a Portugal as de São Nicolau, São Lourenço, São Luís Gonzaga, São Miguel, São João, Santo Ângelo e São Francisco de Borja, ou seja, o que se chamou de Sete Povos das Missões, em que atuavam 17 jesuítas.[355]

A permuta foi aceita apenas por três dessas reduções, as de São Borja, São Luís Gonzaga e São Lourenço, enquanto os guaranis das demais se recusaram a abandonar às pressas sua terra ancestral e todos os seus bens para entregar tudo aos portugueses, que consideravam os seus piores inimigos. Os guaranis, liderados por Sepé Tiaraju e Miguel Taimacay, levantaram-se em resistência contra um grupo de demarcadores que, em 1753, atingiu a região de Santa Tecla, atualmente Bagé, então pertencente à missão de São Miguel. Seguiu-se a decisão dos altos comissários coloniais de declarar guerra às missões, caso a permuta não fosse efetuada dentro de um mês. Esse foi o estopim da guerra guaranítica, cujo desfecho foi o massacre dos guaranis missioneiros.[356]

Esses episódios incluíram a expulsão dos jesuítas, primeiro do Brasil, em 1759, e depois de toda a América Latina, em 1767. Havia um antijesuitismo nas altas instâncias do poder colonial.

Foi o fim do que chegou a ser chamado "República Jesuíta". Sozinhos, os guaranis missioneiros não estavam preparados para enfrentar os desafios da sociedade colonial. À entrada da república, seus remanescentes ficariam excluídos da nova sociedade emergente, mesmo em países de predominância guarani. Mesmo assim, pode-se salientar positivamente o empenho dos jesuítas em tratar os guaranis como seus verdadeiros tesouros, e não mais como mera força de trabalho.[357]

---

355 Sebastião José de Carvalho e Melo, que depois se tornou o Conde de Oeiras e Marquês de Pombal, atuou durante o reinado de Dom José I, em Portugal, de 1750 a 1777. Levou ao apogeu o intervencionismo do Estado na vida interna da Igreja Católica. O Tratado de Madri foi feito entre os reis Dom João V, de Portugal, e Fernando VI, da Espanha, a 13 de janeiro de 1750. A permuta referida era estabelecida nos artigos 15 e 16. VIEIRA, Dilermando Ramos. *O processo de reforma e reorganização da igreja no Brasil (1844-1926)*. Aparecida-SP: Editora Santuário, 2007, pp. 19-21.
356 VIEIRA, D.R. *O processo de reforma...*, op. cit., pp. 21-22.
357 GADELHA, R.M. *Jesuítas e Guarani*, op. cit., pp. 233-234; 243-244.

Deus único por colônias inimigas

É paradoxal que, na história colonial da América Latina, cristãos tenham perseguido judeus e muçulmanos, que eram outros monoteístas, seguidores do seu mesmo Deus único. Mais que isso, guerrearam contra outros cristãos, também eles colonizadores, apesar de que, em meio a essa inimizade e guerra entre cristãos católicos e cristãos protestantes, houve também trocas, acordos e esforços de tolerância.

O protestantismo esteve presente na América Latina desde o início da colonização. Membros das igrejas cristãs derivadas da reforma vinham através de empresas coloniais de nações europeias onde os seguidores de Lutero haviam triunfado. Já em 1528 chegaram à Venezuela mineiros alemães luteranos de Augsburgo, que participavam da empresa dos Welser, banqueiros do rei Carlos V, da Espanha. Dos países protestantes também vinham corsários e piratas.[358]

Esse "protestantismo de invasão" era combatido pelos colonizadores espanhóis e portugueses como heresia e ameaça luterana, principalmente por ser portador da modernidade liberal, rejeitada porque punha em perigo a ordem colonial, estabelecida como ordem natural e divina. Os protestantes eram tratados como hereges e inimigos marítimos. Mesmo que poucos tenham sido condenados à morte, eles eram alvo dos espetaculares autos da fé, que geravam um impacto psicológico e inculcavam na população colonial uma consciência antiprotestante e antiestrangeira. Assim, os protestantes passaram a afigurar-se entre os desviantes, fantasmas, judeus, sodomitas e feiticeiros.[359]

A primeira colônia protestante esteve no Brasil. Foi a dos huguenotes, ou seja, calvinistas franceses que, fugindo da perseguição religiosa na França, em 1555 invadiram a ilha da Guanabara, no Rio de Janeiro, com o projeto de fundar a "França Antártica". Seu líder, Nicolas Durand de Villegaignon, batizou a ilha como Forte de Coligny, em homenagem

---
[358] BASTIAN, Jean-Pierre. O protestantismo na América Latina, em: DUSSEL, E. (Org.) *Historia Liberationis, op. cit.*, pp. 467-510.
[359] *Ibid.*

ao político da nobreza e protetor dos huguenotes que lhes dera ajuda financeira, Gaspar de Coligny. Contavam com o apoio de Calvino, que lhes enviou de Genebra o pastor Jean de Léry, além de outros pastores.[360]

Porém, essa colônia teve vida curta. Villegaignon, tomado pela ambição de tornar-se o rei da América, tomou atitudes pautadas na desconfiança dos membros da colônia e entrou em disputas teológicas, posicionando-se contra alguns princípios calvinistas. Por isso, o pastor Richie e mais quinze correligionários tomaram a decisão de partir para a França. Mas, por medo das condições precárias do navio, quatro deles retornaram à colônia e isso bastou para que Villegaignon, suspeitando que fosse uma armadilha, buscasse um motivo para livrar-se deles. Para produzir uma acusação, obrigou os quatro a redigir, no prazo de doze horas, uma declaração sobre os pontos teológicos controvertidos. Um deles, que já havia assinado a sua declaração, acabou se retratando, enquanto os outros três mantiveram suas convicções e foram executados a mando de Villegaignon, que se fingiu profundamente indignado pelo teor calvinista daquelas declarações, que ficaram para a história como a *Confessio Fluminenses*, a confissão de fé dos três primeiros mártires protestantes do Novo Mundo.[361]

Coligny retirou sua proteção e Villegaignon teve que voltar para a França. Após sucessivos fracassos, causados principalmente por um oportunismo político-religioso, com ausência de qualquer espírito missionário, aqueles franceses foram expulsos pelos portugueses em 1560. Contudo, é preciso reconhecer a importância positiva da sua busca de liberdade religiosa.[362]

Entretanto, a concorrência sentida pelos portugueses e espanhóis era a da Inglaterra e da Holanda, além do norte da França. Os holandeses foram

---

360 GRIJP, Klaus van der. As missões protestantes, em: V.AA. *História da Igreja no Brasil...* Primeira Época, T. 2/1, *op. cit*, pp. 137-141.
361 *Ibid*. A respeito da *Confessio Fluminensis* pode-se ler: MATOS, Dario Oliveira de. A confissão de Guanabara: Visões sobre os missionários da França Antártica, em: *Revista Acta Científica – Ciências Humanas,* vol. 1, n. 8. Ainda: LÉRY, Jean de. *Viagem à terra do Brasil*. Belo Horizonte: Itatiaia; São Paulo: Edusp, 1980. CRESPIN, Jean. *A trag*édia da Guanabara. A história dos primeiros mártires do cristianismo no Brasil. Tradução de Domingos Ribeiro. Rio de Janeiro: CPAD, 2006.
362 GRIJP, K. As missões protestantes, *op. cit.*, pp. 138-139.

os primeiros a desafiar os dois impérios principais. Em 1624 instalaram-se na Bahia, mas ali só ficaram por um ano; mantiveram-se no nordeste brasileiro de 1630 a 1654, no Maranhão de 1641 a 1644 e fixaram-se definitivamente na região caribenha, no Suriname e em diversas ilhas.[363]

A colônia holandesa estabelecida em Pernambuco, com seu centro em Recife, durou quase um quarto de século. Com um forte caráter religioso e objetivo missionário, era constituída por membros da Igreja Reformada, que adotaram o calvinismo como religião de Estado, seguindo o conceito calvinista de teocracia. Seu líder, o príncipe Jean Maurice de Nassau-Siegen, ao contrário de Villegaignon, era um calvinista convicto. Erigiram-se 22 igrejas e congregações e atuaram cerca de 50 pastores, empenhados em cristianizar os nativos através do sistema jesuítico dos aldeamentos. Chegaram a fazer um breve catecismo trilíngue, em tupi, holandês e português, cuja divulgação foi impedida pela Igreja Reformada da Holanda.[364]

Essa colônia não foi diferente das outras quanto aos objetivos comerciais, a ambição do lucro e o abuso de mão de obra escrava. Porém, é fato a sua tentativa de estabelecer um enclave calvinista no Brasil, como atestam as marcas deixadas ao longo do nordeste desse país. Além disso, a tolerância religiosa constituiu um diferencial, cuja necessidade foi logo percebida pela Companhia das Índias, da Holanda, já que, como empresa comercial, teria que tratar com lavradores e senhores católicos. Assim, especialmente após a conquista da Paraíba, em 1636, os holandeses passaram por cima do seu ódio aos católicos e toleraram o catolicismo com suas festas, igrejas e clero. Mas, não toleraram os jesuítas, que eram os principais militantes da contrarreforma. A maioria deles foi obrigada a abandonar as capitanias conquistadas pelos holandeses. Mas, alguns permaneceram e até pegaram em armas na guerra de resistência.[365]

---

363   HOORNAERT, E. *História do cristianismo...*, *op. cit.*, pp. 259-260.
364   GRIJP, K. As missões protestantes, *op. cit.*, pp. 139-140.
365   VAINFAS, Ronaldo. A Babel religiosa no Brasil Holandês, em: ALMEIDA, A.J.S.; SANTOS, L.A.; FERRETTI, S. (Orgs.) *Religião, raça e identidade: Colóquio do centenário da morte de Nina Rodrigues*. São Paulo: Paulinas, 2009, pp. 145-146 e 148.

Em 1635, o bispo Dom Pedro da Silva e Sampaio chegou a ordenar ao clero católico que abandonasse imediatamente a Bahia, ocupada pelos holandeses. Mas, a Mesa de Consciência e Ordens desautorizou-o em nome da Coroa, considerando que os moradores desse Brasil holandês não poderiam ser privados de seu alimento espiritual em terra dominada por "hereges calvinistas". Assim, boa parte do clero secular, e também muitos religiosos regulares, como franciscanos e beneditinos, permaneceram em Pernambuco e alguns deles até chegaram a colaborar com os holandeses. O apogeu da abertura ao clero católico deu-se no período de Maurício de Nassau (1636-1644), quando foi autorizada a vinda de capuchinhos franceses. Nassau ganhou fama de protetor dos católicos e era chamado pelos frades de "nosso Santo Antoninho".[366]

É claro que os interesses comerciais estavam em primeiro lugar, daí a babel religiosa que se estabeleceu nessa colônia. Muitos "índios" passaram do catolicismo ao calvinismo, mas também houve holandeses que se tornaram católicos para casar-se com mulheres católicas bem dotadas, filhas de senhores do açúcar, ou pelo oportunismo de comprar as terras postas em leilão, dos que fugiram para a Bahia depois de 1630. Num vai e vem de lealdades e infidelidades, era grande a complexidade religiosa nesse período holandês, entre católicos, calvinistas, judeus, marranos, "índios" convertidos ao calvinismo e "índios" fiéis à Igreja Católica. E, após a conquista de Luanda em 1641, também muitos africanos despejados em Recife, procedentes de Angola e do Congo, onde já haviam sido catolicizados.[367]

---

366 *Ibid.*, pp. 146-147.
367 Um caso paradigmático da complexidade religiosa do Brasil holandês é o do jesuíta Manuel de Morais. No final da década de 1620 ele atuava como superior, na aldeia jesuíta de São Miguel, em Pernambuco. Após a invasão holandesa ali, em 1630, resistiu contra os holandeses, chegando a pegar em armas. Foi capitão-geral dos "índios" e comandante de Felipe Camarão. Destituído do cargo por tramas de eclesiásticos e de outros capitães, seguiu firme na luta de resistência da Paraíba, até cair prisioneiro dos holandeses em 1635. Então abandonou o catolicismo, aderiu ao calvinismo e prestou inúmeros serviços aos holandeses. Considerado pelos católicos o maior herege e apóstata da Igreja, foi expulso da Companhia de Jesus, processado pela Inquisição, condenado à fogueira e queimado simbolicamente em efígie num auto de fé em Lisboa, no ano de 1642. Foi enviado à Holanda, mas regressou ao Pernambuco, onde dedicou-se ao comércio do pau-brasil com os holandeses, à custa do trabalho indígena. Mas, ao estourar a Insurreição Pernambucana, caiu prisioneiro dos portugueses e novamente

Mas, a novidade do Brasil holandês foi a presença de judeus assumidos, que migraram para Pernambuco. Em Recife estabeleceram sua primeira sinagoga, que também foi a primeira da América. É claro que isso só foi possível no contexto da colônia holandesa.

Os judeus eram duramente perseguidos. Desde os primórdios da colonização, os de Portugal eram obrigados a cumprir pena de desterro no Brasil, ou vinham para fugir da perseguição inquisitorial. O padre jesuíta Antônio Vieira lutou pela liberdade dos "cristãos novos" e chegou a escrever uma carta ao Papa Inocêncio XI, denunciando o racismo e outros crimes praticados contra eles em Portugal e no Brasil.[368]

No Brasil, os judeus iam para as "capitanias de cima", principalmente Pernambuco, Paraíba e Rio Grande do Norte. Procuravam terras onde se cultivava a cana-de-açúcar, tanto assim que, no ano de 1639, dos 166 engenhos de açúcar existentes no Brasil, dez pertenciam a judeus assumidos, além de um número ainda maior dos que pertenciam a cristãos-novos que praticavam o criptojudaísmo, isto é, cumpriam as práticas judaicas em segredo. De fato, os judeus convertidos à força para o catolicismo, geralmente mantiveram costumes judaicos no interior de suas famílias.[369]

Esse judaísmo praticado em segmentos minoritários e secretos sofreu perseguições ferozes da Inquisição. Entre 1591 e 1595, a visitação do Santo Ofício ao nordeste açucareiro trouxe à tona uma disputa de interesses entre cristãos-velhos e cristãos-novos, mas era contra os cristãos-novos que se faziam acusações das mais diversas heresias. Essas acusações se abatiam principalmente contra as mulheres judias que, enquanto responsáveis pelo ambiente doméstico, eram as grandes propagadoras do judaísmo.[370]

---

mudou de lado, servindo como capelão dos portugueses em várias batalhas. Acabou preso e enviado a Lisboa, onde foi julgado pelo Santo Ofício por suas heresias passadas. Abjurou de todas as culpas, mas foi condenado à prisão. Adoeceu e teve a pena suspensa em 1648. Faleceu em 1651. *Ibid.*, pp. 146-150; 158.
368 MIELE, N. *Velhos "cristãos novos" no sertão paraibano, op. cit.*, pp. 542-544.
369 MIELE, N. *Velhos "cristãos novos", op. cit.*, pp. 539; 545.
370 ASSIS, Ângelo Adriano Faria de. Inquisição, religiosidade e transformações culturais: A sinagoga das mulheres e a sobrevivência do judaísmo feminino no Brasil colonial – Nordeste, séculos XVI-XVII, em: *Revista Brasileira de História*, Vol. 22, n. 43, São Paulo, 2002,

A população entrava em pânico por ocasião das visitações do Santo Ofício da Inquisição que, por sorte, não foram frequentes. Porém, as delações de práticas consideradas heréticas eram cotidianas e levadas a julgamento em outras instâncias do império português. As altas autoridades da Igreja Católica tentavam em vão normatizar a religião num mundo de mistura cultural entre católicos, judeus aparentemente convertidos, protestantes, ciganos, "índios" e um grande número de africanos de diversas etnias. Essa mistura que produzia resultados inesperados era vista como uma espécie de caos.[371]

Os casos de perseguição feroz da parte da Inquisição contra os judeus foram até 1772, quando um decreto anulou a distinção entre cristãos-novos e cristãos-velhos. Contudo, foi só em 1824 que o Brasil voltou a receber judeus como imigrantes. Então, judeus marroquinos vieram para o nordeste brasileiro e ergueram em Belém, no Pará, a sinagoga Porta do Céu.[372]

A colônia holandesa de Pernambuco tinha um grande número de cristãos novos, que já estavam ali desde o século XVI. Mas, a partir de 1635, por quase duas décadas pôde desenvolver-se a experiência de uma comunidade judaica estabelecida em terra de católicos e sob o governo de calvinistas. Ela foi se estruturando como uma autêntica comunidade luso-sefardista, à semelhança da que existia em Amsterdã desde o início do século XVII. Sua situação era periclitante, embora houvesse certo favorecimento pelo lado externo. Sob a ameaça de uma iminente restauração portuguesa, esses judeus tinham que reiterar continuamente sua fidelidade aos holandeses. Sofriam fortes pressões dos predicantes calvinistas, inclusive porque alcançaram uma posição elevada nos negócios e na economia, favorecidos

---

pp. 47-66.
371 FARIA, S. de C. *A colônia em movimento*, op. cit., p. 306.
372 PINTO, Zilma F. *A saga dos cristãos-novos na Paraíba*. João Pessoa: Ideia, 2006, p. 256. O termo "cristãos-novos" era utilizado numa oposição aos "cristãos-velhos", ou seja, os europeus. Anita Novinsky, através da análise de 57 processos inéditos de judeus marranos presos em Minas Gerais, no século XVIII, mostra que esses judeus constituíam 42% dos brasileiros condenados à morte e que as acusações eram de crimes de judaísmo e de pertencimento a sociedades secretas. Cf. NOVINSKY, Anita. Ser marrano em Minas colonial, em: *Revista Brasileira de História,* vol. 21, n. 40, São Paulo, 2001.

que eram pela cultura. De fato, os judeus de Recife falavam holandês e português. Tiveram conflitos internos por questões de poder e disputa doutrinária entre suas duas sinagogas, a Rochedo de Israel e a Escudo de Abraão.[373]

No Brasil holandês, o processo mais rico e desconcertante foi a relação entre judeus e cristãos-novos. Os judeus luso-sefardistas que migraram de Amsterdã para o Brasil eram marcados mais pelo iberismo cristão que pelo judaísmo. Os chamados judeus-novos, os que haviam recusado o catolicismo, paradoxalmente estavam embebidos do barroco ibérico e até contaminados pelo ideal ibérico da pureza do sangue, ainda que às avessas. E os cristãos-novos eram principalmente mercadores, criados e mulatos, que pouco sabiam de judaísmo sefardista e se fizeram circuncidar já adultos, ou nem se circuncidaram. Os nascidos no Brasil ignoravam a existência do Talmud e não falavam o hebraico. Por isso, prevaleceu a tolerância em relação aos cristãos-novos.[374]

Deus único por adesão

Na América Latina pode ter triunfado uma totalização dos espaços colonizados como aparelhamento societário de igrejas cristãs, católicas e protestantes. Porém, é preciso ver o que se passou nas bases humanas, étnicas, culturais e religiosas dos diversos povos desse continente. Ali, em espaços marginais e nas brechas do sistema estabelecido, atuaram sujeitos dominados e quase sempre anônimos, com suas transgressões ao *status quo* e seus arranjos culturais múltiplos.

Desde que os deuses dos povos nativos da América Latina perderam a guerra contra o deus dos cristãos, ao menos uma deusa mãe persistiu no imaginário dos submetidos, salvaguardando o núcleo de sentido que possibilitou uma adesão ao cristianismo através de dinamismos culturais do mundo dos nativos.

---

373 *Ibid.*, pp. 155-157.
374 VAINFAS, R. A Babel religiosa..., *op. cit.*, pp. 151-157.

Faz pensar nessa possibilidade uma experiência religiosa vivida em 1531 no México pelos astecas cristianizados que já entravam na mestiçagem étnica, cultural e religiosa. Trata-se da aparição da Virgem de Guadalupe no morro do Tepeyac, justamente junto às ruínas de um antigo santuário dedicado à deusa *Tonantzin*. Segundo Parker, esse é um caso paradigmático e típico de sincretismo mestiço.[375]

A narrativa mais antiga que temos desse fato, o *Nican Mopohua*,[376] está na língua náhuatl e move-se no sistema religioso asteca. O evento é situado em 1531, quando já havia transcorrido uma década de cristianização:

> *Dez anos depois da conquista da cidade do México, jazem já por terra a flecha e o escudo, por toda parte estão rendidos os habitantes do lago e do monte. Ao mesmo tempo começou a brotar, a florir, a fé e o conhecimento do verdadeiro Deus, por quem vivemos.*

Os astecas sobreviventes, ainda sob o trauma indescritível de ver que "jazem já por terra a flecha e o escudo", isto é, sua identidade guerreira, estavam totalmente integrados na cristandade católica. Dela emprestaram o título oficializado da Mãe de Jesus como "Virgem de Guadalupe", familiar em Estremadura, na Espanha. Porém, "Guadalupe" era possível porque reacendia o referencial de *Teocoatlaxiupe*, a "terra de flores e cantos", conforme o mito sagrado de *Xochitlalpan*. E o reconhecimento do Deus verdadeiro do cristianismo se fazia na aproximação com "Aquele por quem vivemos", do seu universo religioso náhuatl.

Diz o mito que em *Xochitlalpan*, no topo da serra, *tocatzin*, nossa carne, une-se com a divindade. Mas, para ali chegar, é preciso peregrinar até o lugar onde, no amanhecer, vem o Pai Sol. Ali se pode encontrar *Tonantzin Teocoatlaxiupe*, "Nossa Digna Mãe", a dona da terra.

---

[375] PARKER, C. *Religião popular e modernização capitalista*, op. cit., pp. 32-34.
[376] Pode-se ler o "Nican Mopohua" em: SUESS, P. (Coord.) *A conquista espiritual... op. cit.*, doc. 65, pp. 476-485. *Nican Mopohua* (em português: Aqui se conta) é tradição oral transmitida de várias formas e teve sua fixação escrita por Antonio Valeriano entre 1540 e 1550. Ele fora aluno e depois professor no colégio dos franciscanos em Tlatelolco, além de integrar o grupo de sábios astecas e frades que investigaram e transcreveram as riquezas culturais e linguísticas desses nativos do México. Além do náhuatl, sua língua materna, também dominava o espanhol e o latim. SUSIN, Luiz Carlos. "Aqui se conta": a narrativa de N. Sra. de Guadalupe, em: *REB*, n. 52, fascículo 206, junho de 1992, pp. 259-260.

A palavra *Teocoatlaxiupe* reúne os cinco elementos que fazem alusão à Era do Quinto Sol: *Teotzin* (Deus), *coat* (serpente), *tlali* (terra), *xihuitl* (ano solar), *pe* (começo).[377]

Numa tradição mais antiga, *Tonantzin* era *Cihuacoatl*, par feminino de *Quetzalcóatl*, o Deus serpente-emplumada. A ela os astecas se referiam como Mãe dos Deuses ou Mulher Vestida de Branco. Em vão os frades franciscanos tentaram substituir o imaginário da deusa pelo da "Nossa Senhora" da oficialidade católica, inclusive fazendo colocar em Tepeyac uma imagem cristã de Nossa Senhora de Guadalupe, assim como era venerada na Espanha. O que ocorreu entre os nativos foi uma junção dos dois títulos, permanecendo a referência à "Mui Santa Virgem que é Nossa Senhora e Nossa Mãe", enquanto a devoção crescia extraordinariamente.[378]

O *Nican Mopohua* traz todo o simbolismo que se volta para a recuperação da pessoa, do tempo e do lugar próprios dos náhuatles. Sua força narrativa está na relação entre o povo nativo submetido (sujeito que conta) e a instituição eclesiástica junto com os poderes coloniais, a quem a mensagem deve produzir certos efeitos (ouvinte). Uma introdução apresenta o cenário histórico:[379]

> *Aqui se conta, ordenadamente, como há pouco, milagrosamente, apareceu a Perfeita Virgem Santa Maria Mãezinha de Deus, nossa Rainha, lá em Tepeyac, também chamada Guadalupe. Primeiro se fez ver por um indiozinho (pobre e digno), de nome Juan Diego. E depois apareceu sua preciosa imagem diante do recente bispo D. Frei Juan de Zumárraga...*

O diálogo é da Virgem Maria com *Cuauhtlatóhuac*, o "índio" batizado com o nome espanhol Juan Diego. Insere-se num momento histórico de mudança, conforme a concepção cíclica do tempo dos háhuatles e seus mitos sagrados da criação. Já se teriam passado quatro eras do Sol e a expectativa era a de um recomeço. Por cinco vezes se diz que "ainda

---

377 ENCONTRO Continental de Teologia Índia. *E Tonantzin veio morar conosco: IV Encontro Continental de Teologia Índia.* Belém: Cimi/ Aelapi, 2003, pp. 249-255.
378 HOORNAERT, E. *História do cristianismo...*, *op. cit.*, pp. 362-363.
379 SUSIN, L.C. "Aqui se conta", *op. cit.*, pp. 264-267.

era de noite". Silêncio e quietude precedem o nascimento do Quinto Sol e tudo culmina com a luz do amanhecer.[380]

A narrativa diz que era sábado, ainda muito de madrugada. Juan Diego, o camponês que, como todos de sua aldeia, estava sob a catequese dos padres franciscanos de Tlatelolco, ia "atrás de Deus e de seus mandamentos". Já amanhecia quando chegou perto da colina chamada Tepeyac e ouviu o canto de muitos pássaros preciosos. Então, deteve-se e se perguntou se era digno do que ouvia e onde estava. "Onde me vejo? Acaso lá onde deixaram dito os antigos nossos antepassados, nossos avós: na terra das flores, na terra do milho, de nossa carne, de nosso sustento, acaso na terra celestial?". Ficou olhando o topo da colina, do lado onde sai o sol e de onde vinha o precioso canto celestial. Quando cessou de repente o canto, ouviu que o chamavam de cima da colina: "Juantzin, Juan Diegotzin!".[381]

Sem nenhuma perturbação e extremamente feliz, Juan Diego subiu a colina para ver de onde o chamavam. Lá no alto viu a Senhora que, de pé, chamou-o para perto de si. Ela vinha do lado em que nasce o sol e tudo ali reluzia. Prostrado em sua presença, ele escutou seu "alento", ou seja, sua palavra sumamente afável, amorosa e enobrecedora:[382]

> *Sabe e tem seguro em teu coração, filho meu o mais desamparado, que eu sou a sempre Virgem, Santa Maria, Mãe do Deus da Grande Verdade, Teotl, Aquele por Quem Vivemos, o Criador de Pessoas, o Dono do que está Perto e Junto, o Senhor do Céu e da Terra. Quero muito e desejo vivamente que nesse lugar levantem minha ermida. Nela mostrarei e darei ao povo todo o meu amor e minha compaixão, minha ajuda e minha defesa. Porque eu sou a Mãe misericordiosa, de ti e de todas as nações que vivem nessa terra, que me amem, que falem comigo, que me busquem e em mim confiem. Ali hei de ouvir seus lamentos e remediar e curar todas as suas misérias, penas e dores...*

---

380 GONZALEZ, Fernando G. El Mensaje de Guadalupe Hoy, em: *Esquila Misional,* Año XXXIX, n. 437, diciembre 1991, pp. 16-18.
381 ROJAS SÁNCHEZ, Mario. Nican Mopohua. México, 1978. Introdução, p. 4. Os sinais de sua cultura, como as flores, o canto, a terra das flores e do milho, podem chegar por meio do sonho. O nome do "índio" é espanhol, dado pelo batismo em 1525, mas a forma diminutiva que, em náhuatl tem a terminação *tzin* (*Diegotzin*), tem um tom afetivo e familiar. SUSIN, L.C. "Aqui se conta", *op. cit.*, p. 268.
382 Por diversas vezes na narrativa aparece o termo "alento". Pode significar "pensamento", mas também a palavra na sua intimidade. SUSIN, L.C. "Aqui se conta", *op. cit.*, p. 268.

O princípio da dualidade da cultura náhuatl faz entender a divindade como *Ometeotl* (Ome = dois; teotl = Deus). O Deus da dualidade também se identifica como *Tona* (mãe) e *Tota* (pai). Assim, a Virgem de Guadalupe é vista como a mãe do único e verdadeiro Deus e também como a nossa mãe.[383]

O fato se deu em quatro dias, diz a narrativa. Na primeira aparição, a Virgem pediu a Juan Diego que fosse falar com o bispo do México e a ele transmitisse a sua vontade, e isso/ ele cumpriu, após vencer muitas barreiras. Porém, o bispo mostrou-se reservado e mandou-o voltar outra vez. À noite, passando pela mesma colina de Tepeyac, ele encontrou-se novamente com a Virgem e tentou convencê-la de que, por causa da insignificância de sua pessoa, assim reduzido a um pobre "índio", seria melhor que ela escolhesse um outro embaixador. Mas, ante a insistência dela de que o escolhido era ele próprio, voltou ao palácio do bispo no dia seguinte, após a instrução e a missa em Tlatelolco, repetindo o pedido da Virgem. Desconfiado, o bispo pediu sinal e prova. Também mandou pessoas vigiarem o "índio", mas ele foi perdido de vista. À noite desse segundo dia, novamente encontrou-se com a Virgem e lhe deu o recado do bispo. Ela convidou-o a voltar ao Tepeyac no dia seguinte.

Um desencontro marcou o terceiro dia. Juan Diego esteve o dia todo cuidando de seu tio Juan Bernardino, acometido de malária. Com a doença se agravando e prevendo a morte iminente, o tio pediu-lhe que fosse a Tlatelolco na manhã do dia seguinte para chamar um padre que lhe ministrasse o sacramento. Entretanto, nesse quarto dia, bem cedo, a Virgem o esperava no caminho. Ela tranquilizou a Juan Diego, disse que seu tio já estava curado e lhe providenciou a prova exigida pelo prelado: rosas viçosas no topo da colina, que ele pode levar em seu ponche e entregar ao bispo. No ponche havia ficado impressa a imagem da Virgem. Reconhecendo o milagre, o bispo mandou construir o templo em Tepeyac-Guadalupe.

Essa experiência religiosa, no entanto, situava-se num espaço cultural bastante complexo, no entrecruzamento dos universos asteca, mestiço

---
383 RÓJAS SÁNCHEZ, M. Nican Mopohua, *op. cit.*, p. 18.

e eclesiástico oficial. Mais que um fato histórico, era um estado de espírito contagiante que partia da base popular. A tela milagrosamente impressa no manto rústico do místico popular Juan Diego, conservada ainda hoje no grande santuário de Guadalupe, traz a imagem de Nossa Senhora da Conceição, ou Imaculada Conceição, da oficialidade do catolicismo. Sua devoção, introduzida pelos franciscanos, foi depois ativada pelos jesuítas para combater os abusos e as imoralidades dos colonos espanhóis. Porém, a religião ameríndia com sua simbologia, pode fornecer uma força articuladora de sentido.[384]

Assim, a imagem oficial foi resignificada, através de sincretismos e combinações da cultura do povo mestiçado que, na condição de integrado por força à sociedade colonial, passou a ter a Virgem Maria como uma poderosa aliada no plano sagrado.[385]

Graças a uma indefinição de fronteira entre a doutrina oficial da religião obrigatória e as categorias das raízes religiosas ameríndias, aos dominados é possível perceber, na mensagem cristã, a figura materna e cheia de compaixão que lhes possibilita uma adesão livre à nova religião. Desse modo, o cristianismo é abraçado como Tepeyac, casa dos submetidos e oprimidos que recuperam toda a sua dignidade.

Para as autoridades oficiais da Igreja, o apelo é o de deslocar-se para esse lugar significativo do povo que precisa libertar-se do jugo da colonização. Ali a mensagem cristã é inculturada, às margens do poder colonial e eclesial estabelecido, em meio ao povo empobrecido e oprimido que tem sua riqueza de recursos culturais e religiosos.

Cuauhtlatóhuac, tornado Juan Diego, representa as pessoas e os povos que, na América Latina, vêm aderindo ao evangelho cristão através de bricolagem, em chaves culturais que escapam à inteligibilidade e ao controle dos homens da hierarquia das igrejas instituídas. Longe de um confronto aberto ou de uma tentativa desesperada de recusa da religião imposta por estrangeiros, a atitude é de diálogo com a autoridade constituída. E o que convence são sinais, símbolos e gestos que falam

---

384 HOORNAERT, E. *História do cristianismo...*, op. cit., pp. 362-369.
385 PARKER, C. *Religião popular e modernização capitalista*, op. cit., p. 33.

ao coração, como as rosas de Tepeyac, cujo encantamento é preservado graças a uma dinâmica e fértil interação da racionalidade da doutrina oficial com a cosmovisão mítica.[386]

Um reconhecimento da legitimidade desse caminho de adesão ao cristianismo parece ser importante, da parte dos dirigentes das igrejas cristãs, mesmo com discordâncias em relação ao culto mariano. Tepeyac-Guadalupe pode ser apelo a um diálogo com as formas mestiças de cristianismo, cujo potencial de adaptação aos novos tempos não deve ser minimizado.

Vai nessa direção o referencial do "signo de Guadalupe", assumido pela hierarquia católica da América Latina e do Caribe como signo de inculturação da mensagem cristã.[387] Uma boa ousadia seria também reconhecer, nas imagens negras, índias e mestiças da Mãe de Jesus, que povoam a experiência religiosa dos povos desse continente, um modo popular de "despatriarcalizar" o Deus trazido pela colonização e de trazê-lo para um máximo de proximidade.

"Quem são, como são, donde vieram aqueles a quem nós temos como deuses, aos quais fazemos súplicas?" – perguntaram os governantes astecas sobreviventes aos doze missionários franciscanos. Mas, a resposta daqueles cristãos mostrou a sua incapacidade de diálogo a partir do universo religioso não cristão: "... é necessário que primeiro vos façamos ouvir, claramente vos exponhamos como é o ser do Senhor nosso Deus, doador da vida, aquele a quem viemos vos fazer conhecer". Após longo discurso sobre Deus, veio a resposta que caracterizou os deuses dos astecas como maléficos, inimigos, enganadores, zombadores das pessoas, inumanos e diabos.[388]

Passaram-se cinco séculos para um começo de mudança na maneira de responder. Mesmo sem admitir os sincretismos como modo cultural

---

386 DOMEZI, Maria Cecilia. Maria por outras culturas: Guadalupe e Aparecida, em: VV.AA. *Maria entre as mulheres: Perspectivas de uma mariologia feminista libertadora*. São Leopoldo, RS: Paulus/ Cebi, 2009, pp. 117-118.
387 Documento de Puebla, n. 15, em CELAM. *Evangelização no presente e no futuro da América Latina: Conclusões da III Conferência Geral do Episcopado Latino-americano*. 3ª ed. São Paulo: Paulinas, 1979. Também: Documento de Aparecida, 2007, n. 4, em Id. *Documento de Aparecida: Texto conclusivo da V Conferência Geral do Episcopado Latino-Americano e do Caribe*. São Paulo: Edições CNBB/ Paulus/ Paulinas, 2007.
388 Colóquio dos Doze, em: SUESS, P. (Org.) *A conquista espiritual..., op. cit.*, pp. 455 e 465.

que reclama um olhar posto na alteridade, e sem ainda uma clara ruptura com a perspectiva de exclusividade do cristianismo, a Conferência de Aparecida reconheceu a piedade popular como verdadeira espiritualidade e mística cristã que tem sua outra maneira: "Uma maneira legítima de viver a fé, um modo de sentir-se parte da Igreja, uma forma de ser missionários", que se encarna na vida dos simples. Como integrante da originalidade histórico-cultural dos pobres desse continente, é capaz de recolher as suas vibrações mais profundas e de evangelizar no ambiente de secularização.[389]

---

389   Documento de Aparecida, pp. 279-281, *op. cit*. Ver: DOMEZI, Maria Cecilia. Conclusão: Maria de Guadalupe e de Aparecida (religiosidade popular), em: AMERÍNDIA (Org.) *V Conferência de Aparecida: Renascer de uma esperança*. São Paulo: Paulinas, 2008, pp. 272-273.

REFERÊNCIAS BIBLIOGRÁFICAS

ABULAFIA, David. *The Discovery of Mankind: Atlantic Encounters in the Age of Columbus*. New Haven Yale University Press, 2008.

ALVES, Rubem. *O suspiro dos oprimidos*. São Paulo: Paulus, 1999.

AMARAL, R. *Sítio de Pai Adão: Ritos africanos no xangô do Recife*. Governo do Estado de Pernambuco, Secretaria da Cultura, Fundação do Patrimônio Histórico e Artístico do Pernambuco. CD, 2005.

ANCHIETA, José de. *Cartas, informações, fragmentos históricos e sermões*. Belo Horizonte: Itatiaia; São Paulo: Edusp, 1988.

------- Auto na Festa de São Lourenço, em: *Teatro de Anchieta: Obras completas*, vol. 3. São Paulo: Loyola, 1977, pp. 141-189.

ANTONIAZZI, Alberto & MATOS, Henrique C.J. *Cristianismo: 2000 anos de caminhada*. São Paulo: Paulinas, 1996.

ASSARÉ, Patativa do. *Cante lá que eu canto cá: filosofia de um trovador nordestino*. 13ª ed. Petrópolis: Vozes, 2002.

ASSIS, Ângelo Adriano Faria de. Inquisição, religiosidade e transformações culturais: A sinagoga das mulheres e a sobrevivência do judaísmo feminino no Brasil colonial – Nordeste, séculos XVI-XVII, em: *Revista Brasileira de História*, vol. 22, n. 43, São Paulo, 2002.

AZZI, Riolando. Método missionário e prática de conversão na colonização, em: SUESS, Paulo (Org.) *Queimada e semeadura: Da conquista espiritual ao descobrimento de uma nova evangelização*. Petrópolis: Vozes, 1988.

------- Ordens religiosas masculinas, em: VV.AA. *História da igreja no Brasil: Ensaio e interpretação a partir do povo*. Primeira Época, T. 2/1, 4ª ed. São Paulo: Paulinas; Petrópolis: Vozes, 1992.

------- O padroado português, em: *Ibid*.

------- *Razão e fé: O discurso da dominação colonial*. São Paulo: Paulinas, 2001.

------- *A teologia católica na formação da sociedade colonial brasileira*. Petrópolis: Vozes, 2004.

BARRETT, D.B.; KURIAN, G;.T.; JOHNSON, T.M. *World Cristian Encyclopedia*. 2ª ed. Oxford: Oxford University Press, 2001, 2 vols.

BASTIAN, Pierre. O protestantismo na América Latina, em: DUSSEL, E. (Org.) *Historia Liberationis: 500 anos de história da igreja na América Latina.* São Paulo: Paulinas, 1992.

BASTIDE, Roger. *Brasil, terra de contrastes.* 4ª ed. São Paulo: Difusão Europeia do Livro, 1971.

------- *As religiões africanas no Brasil: Contribuição a uma sociologia das interpretações de civilizações.* (tradução de Maria Eloísa Capellato). São Paulo: Pioneira, 1971.

BEOZZO, José Oscar. Evangelho e escravidão na teologia latino-americana, em: RICHARD, Pablo (Org.) *Raízes da teologia latino-americana.* São Paulo: Paulinas, 1987.

------- O diálogo da conversão do gentio: A evangelização entre a persuasão e a força, em: VV.AA. *Conversão dos cativos: Povos indígenas e missão jesuítica.* São Bernardo do Campo-SP: Nhanduti Editora, 2009.

BIDEGÁIN, Ana Maria. *História dos cristãos na América Latina.* T. I. (traduçaõ de Jaime A. Clasen). Petrópolis: Vozes, 1993.

CACCIATORE, Olga Gudolle. *Dicionários de cultos afro-brasileiros.* Rio de Janeiro: Brasiliense, 1977.

CANO, Luis. *Las Órdenes Religiosas em los Trinta Pueblos Guaraníes Después de la Expulsión de los Jesuítas: Los Franciscanos.* Separata del Tercer Congresso de Historia Agentina y Regional, Santa Fé. Panamá, Julio de 1975. Buenos Ayres: Academia Nacional de Historia, 1977.

CARDIM, Fernão. *Tratados da terra e gente do Brasil.* São Paulo: Edusp; Belo Horizonte: Itatiaia, 1980.

CASTRO, Silvio. *A carta de Pero Vaz de Caminha: O descobrimento do Brasil.* Porto Alegre: L&PM/ História, 1985.

CELAM. *Evangelização no presente e no futuro da América Latina: Conclusões da III Conferência Geral do Episcopado latino-americano.* 3ª ed. São Paulo: Paulinas, 1979.

------- *Santo Domingo: Conclusões. Texto oficial.* São Paulo: Loyola, 1993.

------- *Rumo à V Conferência do Episcopado da América Latina e do Caribe: Documento de participação.* São Paulo: Paulinas/ Paulus, 2005.

------- *Documento de Aparecida: Texto conclusivo da V Conferência Geral do Episcopado Latino-Americano e do Caribe.* São Paulo: Edições CNBB/ Paulus/ Paulinas, 2007.

CHAMORRO, Graciela. Sentidos da conversão de indígenas nas terras baixas sul-americanas: Uma aproximação linguística, em: VV.AA. *Conversão dos cativos*, op. cit.

CHAUNU, Pierre. *A América e as Américas.* (Tradução sob a direção de Manuel Nunes Dias). Edições Cosmos, 1969.

CHILAM BALAM. *El Libro de los Libros de Chilam Balam*. 2ª ed. México; Fondo de Cultura Económica, 1963.

CLASTRES, Hélène. *A terra sem mal*. São Paulo: Brasiliense, 1978.

CLASTRES, Pierre. *Arqueologia da violência: Pesquisas de antropologia política*. São Paulo: Cosac & Nafty, 2004.

COLOMBO, Cristóvão. *Diários da descoberta da América: As quatro viagens e o testamento*. Porto Alegre: L&PM, 1998.

CORTESÃO, Jaime. *Manuscritos da Coleção de Angelis, IV: Jesuítas e bandeirantes no Uruguai (1611–1758)*. Rio de Janeiro: Biblioteca Nacional, 1970.

CRESPIN, Jean. *A tragédia da Guanabara. A história dos primeiros mártires do cristianismo no Brasil*. Trad. de Domingos Ribeiro. Rio de Janeiro: CPAD, 2006.

CUNHA, Manuela C. da; CASTRO, Eduardo V. de. Vingança e temporalidade: Os tupinambá, em: *Anuário Antropológico, 85*. Rio de Janeiro, 1985.

D'ABBEVILLE, Claude. *História das missões dos padres capuchinhos na ilha do Maranhão e terras circunvizinhas*. Belo Horizonte: Itatiaia, 1975.

DAVIS, Wade. *A serpente e o arco-íris: Zumbis, vodus, magia negra. Viagens de um antropólogo às sociedades secretas do Haiti e suas aventuras dignas de um novo Indiana Jones*. Rio de Janeiro: Jorge Zahar Editor, 1985.

DELUMEAU, Jean. *História do medo no ocidente (1300–1800)*. São Paulo: Companhia das Letras, 1989.

D'EVREAUX, Ives. *Viagem ao norte do Brasil*. Rio de Janeiro: Livraria Leite Ribeiro, 1929.

DIANTELLI, Erwan. *Des Dieux et des Signes: Initiation, Écriture et Divination dans les Religions Afro-Cubaines*. Paris: Éditions de l'Écóle des Hautes Études en Sciences Sociales, 2000.

DÍAZ DEL CASTILLO, Bernal. *Historia Verdadera de la Conquista de la Nueva España*. 2 vols. Madrid: Dastin, 2001.

DIBBLE & ANDERSON. *Florentine Codex*. Santa Fé, Novo México, 1959.

DOMEZI, Maria Cecilia. Conclusão: Maria de Guadalupe e de Aparecida (religiosidade popular), em: AMERÍNDIA (Org.) *V Conferência de Aparecida: Renascer de uma esperança*. São Paulo: Paulinas, 2008, pp. 272-273.

------- Maria por outras culturas: Guadalupe e Aparecida, em: VV.AA. *Maria entre as mulheres: Perspectivas de uma Mariologia feminista libertadora*. São Leopoldo, RS: Paulus/ Cebi, 2009.

DREHER, Martin N. *A igreja latino-americana no contexto mundial.* São Leopoldo: Sinodal, 1999.

DUNGLAS, Édoard. Contribuição à história do Médio Daomé: O reino iorubá de Ketu, em: *Afro-Ásia,* n. 37, Universidade Federal da Bahia, 2008.

DURÁN ESTRAGÓ, Margarita. As reduções, em: DUSSEL, E. (Org.) *Historia Liberationis: 500 anos de história da igreja na América Latina.* São Paulo: Paulinas, 1992.

DURÁN, Fray Diego. *Historia de las Índias de Nueva España e Islãs de la Tierra Firme.* 2ª ed. México: Editorial Porrúa, 1984, 2 vols., (Biblioteca Porrúa, 36).

DUSSEL, Enrique. *Historia General de la Iglesia en America Latina.* T. 1/1: Introducción general a la Historia de la Iglesia en America Latina. Salamanca, España: Ediciones Sigueme/ Cehila, 1983.

------- *Caminhos de libertação latino-americana: Interpretação histórico-teológica.* T. I. São Paulo: Paulinas, 1984.

ELIADE, Mircea. *O sagrado e o profano: A essência das religiões.* São Paulo: Martins Fontes, 1995.

------- *O xamanismo e as técnicas arcaicas de êxtase.* São Paulo: Martins Fontes, 1998.

ENCONTRO Continental de Teologia Índia. *E Tonantzin veio morar conosco: IV Encontro Continental de Teologia Índia.* Belém: Cimi/ Aelapi, 2003.

Ennes, Ernesto. *Os Palmares.* Lisboa: I Congresso de História da Expansão Portuguesa no Mundo, 1938.

ESPÍN, Orlando. *A fé do povo: Reflexões sobre o catolicismo popular.* São Paulo: Paulinas, 2000.

FARIA, Sheila de Castro. *A colônia em movimento: fortuna e família no cotidiano colonial.* 2ª reimpressão. Rio de Janeiro: Nova Fronteira, 1998.

FERNÁNDEZ, Manuel Giménez. Nuevas Consideraciones sobre la Historia y el Sentido de las Letras Alejandrinas de 1493 Referentes a las Indias, em: *Anuario de Estudios Americanos,* I, 1994.

FERRETI, Sérgio. *Repensando o sincretismo.* São Paulo: Edusp, 1995.

FREIRE, Gilberto. *Sobrados e mucambos.* São Paulo: Editora Nacional, 1936.

GADELHA, Regina Maria. Jesuítas e guarani: A experiência missional triunfante, em: Id. (Ed.) *Missões Guarani: Impacto na sociedade contemporânea.* São Paulo: Educ, 1999.

GALMÉS, Lorenzo. *Bartolomeu de Las Casas, Defensor dos Direitos Humanos.* São Paulo: Paulinas, 1991.

GIORDANI, Mário C. *História da América pré-colombiana: Idade Moderna II*. Petrópolis: Vozes, 1990.

GONZALEZ, Fernando G. El Mensaje de Guadalupe Hoy, em: *Esquilla Misional*, Año 39, n. 437, diciembre de 1991.

GORENDER, Jacob. O épico e o trágico na história do Haiti, em: *Estudos avançados*, vol. 18, n. 50, São Paulo: janeiro/abril de 2004.

GRIJP, Klaus van der. As missões protestantes, em: VV.AA. *História da igreja no Brasil...* Primeira Época, T. 2/1, *op. cit*.

GRUZINSKI, Serge. *O pensamento mestiço*. São Paulo: Companhia das Letras, 2001.

GUIDON, Niéde. As ocupações pré-históricas do Brasil, em: CUNHA, Manoela C. (Org.) *História dos índios do Brasil*. São Paulo: Companhia das Letras, 1998.

GUTIÉRREZ, Gustavo. *Deus ou o ouro nas índias (século XVI)*. São Paulo: Paulinas, 1993.

HOORNAERT, Eduardo. A igreja no Brasil, em: DUSSEL, E. (Org.) *Historia Liberationis...*, *op. cit*.

------- Cristandade e igreja perseguida, em: VV.AA. *História da igreja no Brasil: Ensaio e interpretação a partir do povo*. Primeira Época. 4ª ed. Petrópolis: Vozes; São Paulo: Paulinas, 1992.

------- *História do cristianismo na América Latina e no Caribe*. São Paulo: Paulus, 1994.

HURBON, Laënnec. *O Deus da resistência negra: O vodu haitiano*. São Paulo: Paulinas, 1987.

JEAN-PIERRE, Jean Gardy. *Haiti, uma República do Vodu? Uma análise do lugar do Vodu na sociedade haitiana à luz da Constituição de 1987 e do Decreto de 2003*. Dissertação de Mestrado em Ciências da Religião. São Paulo: PUC-SP, 2009.

JOSAPHAT, Carlos. *Las Casas: Deus no outro, no social e na luta*. São Paulo: Paulus, 2005.

KONETZKE, Richard. *Collección de Documentos para la Historia de la Formación Social de Hispanoamérica*. Vol. 1. Madri: CSIC, 1953.

------- *América Latina: la Época Colonial*. México: Siglo XXI, 1971.

KUNG, Hans. *Religiões do mundo: Em busca dos pontos comuns*. Campinas-SP: Verus Editora, 2004.

LAS CASAS, Bartolomeu de. *Obras Escogidas*, 5 vols. Madri: Biblioteca de Autores Españoles, 1957-1958.

------- *Brevíssima Relación de la Destrucción de las Índias*. Madri: Alianza Editorial, 1985.

------- Único *modo de atrair todos os povos à verdadeira religião.* (Obras Completas, I). São Paulo: Paulus, 2005.

LA VEGA, Garcilaso de. *O universo incaico/ O Inca Garcilaso de la Vega* (tradução de Rosânela Dantas). São Paulo: Educ/ Loyola; Giordano Ltda., 1992.

LALEYE, Issiaka-Prosper. As religiões da África negra, em: DELUMEAU, Jean (Dir.). *As grandes religiões do mundo* (tradução de Pedro Tamen). 3ª ed. Lisboa: Editorial Presença, 2002.

LAMPE, Armando. *Descubrir a Dios en el Caribe: Ensayos sobre la Historia de la Iglesia.* San José, Costa Rica: DEI, 1991.

LANTERNARI, Vittorio. *As religiões dos oprimidos: Um estudo dos modernos cultos messiânicos.* São Paulo: Perspectiva, 1974.

LEITE, Serafim. *História da Companhia de Jesus no Brasil.* 2 vols. Lisboa: Portugalia; Rio de Janeiro: Civilização Brasileira/ INS, 1938.

------- (Org.) *Cartas dos primeiros Jesuítas do Brasil.* 2 vols. São Paulo: Comissão do IV Centenário da Cidade de São Paulo, 1954.

LEÓN-PORTILLA, Miguel. *El Destino de la Palabra: De la Oralidad y los Códices Mesoamericanos a la Escritura Alfabética.* México: El Colegio Nacional Fondo de Cultura Económica, 1968, (colección popular).

-------, et al. *Historia documental de México.* Vol. 1. México: UNAM, 1984.

------- *A conquista da América Latina vista pelos índios: Relatos astecas, maias e incas.* 3ª ed. Petrópolis: Vozes, 1987.

LÉRY, Jean de. *Viagem à terra do Brasil.* Belo Horizonte: Itatiaia; São Paulo: Edusp, 1980.

LÓPEZ HERNANDEZ, Migue Angel (Malohe). *Encuentros em los Senderos de Abya Yala.* Quito, Ecuador: Ediciones Abya Yala, 2004.

MATOS, Dario Oliveira de. A confissão de Guanabara: Visões sobre os missionários da França Antártica, em: *Revista Acta Científica – Ciências Humanas*, vol. 1, n. 8.

MATOS, Gregório de. *Obras completas.* Salvador: Janaína, 1969.

MEIER, Johannes. A organização da igreja, em: DUSSEL, E. (Org.) *Historia Liberationis...*, op. cit.

MELIÁ, Bartolomeu. As reduções Guaraníticas: Uma missão no Paraguai colonial, em: SUESS, P. (Org.) *Queimada e semeadura, op. cit.*

------- O guarani reduzido, em: HOORNAERT, E. (Org.) *Das reduções latino-americanas às lutas indígenas atuais: IX simpósio latino-americano da CEHILA.* São Paulo: Paulinas, 1982.

\-\-\-\-\-\-\- *El Guaraní Conquistado y Reducido. Ensayos de Etno-história*. Biblioteca Paraguaya de Antropología, vol. 5, Centro de Estudios Antropológicos, Assunção: Universidade Católica de Assunção, 1986.

MELO E SOUZA, Laura de. *O diabo e a terra de Santa Cruz: Feitiçaria e religiosidade popular no Brasil colonial*. 7ª reimpressão. São Paulo: Companhia das Letras, 1986.

MÉTRAUX, Alfred. *Vodú* (version castellana de Jorge Eneas Cromberg). Buenos Aires: Editorial SUR, 1963.

\-\-\-\-\-\-\- *A religião dos tupinambás*. 2ª ed. São Paulo: Companhia Editora Nacional; Edusp, 1979 (coleção Brasiliana, vol. 267).

MIELE, Neide. Velhos "cristãos novos" no sertão paraibano, em: *Revista Lusófona de Ciência das Religiões*. Ano 7, n. 13/14, 2008.

MITCHEL, J. Leslie. *Os grandes exploradores: A sua vida e as suas realizações*. (Tradução de Brenno Silveira). São Paulo: Editora Boa Leitura S.A., (coleção A Conquista do Mundo, vol. 6, pp. 42-74).

MONTEIRO, Marianna F.M. & DIAS, Paulo. Os fios da trama: Grandes temas da música popular tradicional brasileira, em: *Estudos Avançados*, vol. 24, n. 69, São Paulo, 2010.

MONTOYA, Antonio R. de. *Conquista espiritual feita pelos religiosos da Companhia de Jesus nas províncias do Paraguai, Paraná, Uruguai e Tape*. Porto Alegre: Martins Livreiro, 1985.

MUNANGA, Kabengele. Negros e mestiços na obra de Nina Rodrigues, em: ALMEIDA; SANTOS; FERRETTI (Org.s) *Religião, raça e identidade: Colóquio do centenário da morte de Nina Rodrigues*. São Paulo: Paulinas, 2009.

NIMUENDAJÚ, C. *Leyenda de la Creación y Juicio Final del Mundo como Fundamento de la Religión de los Apapokuva-guarani*. São Paulo, 1944.

NÓBREGA, Manuel da. *Cartas do Brasil*. Belo Horizonte: Itatiaia; São Paulo: Edusp, 1998.

\-\-\-\-\-\-\- Diálogo da conversão do gentio, em: LEITE, Serafim (Org.) *Cartas dos primeiros jesuítas do Brasil*, vol. 2. São Paulo: Comissão do IV Centenário da Cidade de São Paulo, 1957, pp. 317-435.

NOVINSKY, Anita. Ser marrano em Minas colonial, em: *Revista Brasileira de História*, vol. 21, n. 40, São Paulo, 2001.

PARKER, Cristián. *Religião popular e modernização capitalista: Outra lógica na América Latina* (tradução de Attílio Brunetta). Petrópolis: Vozes, 1996.

PIAZZA, Waldomiro. *Religiões da humanidade*. São Paulo: Loyola, 1996.

PINTO, Zilma F. *A saga dos cristãos-novos na Paraíba.* João Pessoa: Ideia, 2006.

PORTO-GONÇALVES, Walter. Entre América e Abya Yala – tensões de territorialidades, em: *Revista Desenvolvimento e Meio Ambiente,* n. 20, julho/dezembro de 2009, Editora UFPR.

POPOL VUH: *Las Antiguas Historias de Quiché.* (tradução, introdução. E notas de Adrián Recinos). 26ª ed. México: Fondo de Cultura Económica, 1996, (Colección popular, n. 11).

PRANDI, Reginaldo. *Mitologia dos orixás.* Ilustrações de Pedro Rafael. 6ª reimpressão. São Paulo: Companhia das Letras, 2001.

------- O candomblé e o tempo: Concepções de tempo, saber e autoridade na África para as religiões afro-brasileiras, em: *Revista Brasileira de Ciências Sociais,* vol. 16, n. 47, outubro de 2001.

PRESTAGE, Edgard. *D. Francisco Manuel de Melo: Esboço biográfico.* Coimbra: Imprensa da Universidade, 1914.

PRÉZIA, Benedito & HOORNAERT, Eduardo. *Brasil indígena: 500 anos de resistência.* São Paulo: FTD, 2000.

RAMOS, Arthur. *O negro brasileiro.* Rio de Janeiro: Graphica, 2001, vol. 1.

RIBEIRO, Darcy. *O povo brasileiro.* São Paulo: Companhia das Letras, 1995.

RODRÍGUEZ LEÓN, Mário A. A invasão e a evangelização na América Latina (século XVI), em: DUSSEL, E. (Org.) *Historia Liberationis...,* op. cit.

ROJAS SÁNCHEZ, Mario. *Nican Mopohua.* México, 1978.

ROSA, João Guimarães. *Grande sertão: Veredas.* 19ª ed. Rio de Janeiro: Nova Fronteira, 2001.

SAHAGÚN, Bernardino de. *Historia General de las Cosas de Nueva España: Primera Version Íntegra del Texto Castellano del Manuscrito Conocido como Códice Florentino.* México: Alianza Editorial Mexicana, 1988.

------- *Historia General de las Cosas de Nueva España.* 9ª ed. México: Editorial Porrúa, 1997.

SÁLÁMÌ, Síkírú (King). *Ogum: Dor e júbilo nos rituais de morte.* São Paulo: Oduduwa, 1997.

SANDERS, William T. & MARTINO, Joseph. *Pré-história do Novo Mundo.* (Tradução de Álvaro Cabral). Rio de Janeiro: Zahar Editores, 1971.

SANTOS, Eduardo N. dos. *Deuses do México indígena: Estudo comparativo entre narrativas espanholas e nativas.* São Paulo: Palas Athena, 2002.

SANTOS, Joana Elbein dos. *Os nagôs e a morte.* Petrópolis: Vozes, 1988.

SANTOS, M. de L. *Xamanismo: A palavra que cura*. São Paulo: Paulinas; Belo Horizonte: Editora PUC-Minas, 2007.

SCHADEN, Egon. A religião guarani e o cristianismo, em: *Anais do IV Simpósio Nacional de Estudos Missioneiros*. Santa Rosa, 1981.

SCHOBINGER, Juan. As religiões ameríndias, em: DUSSEL, E. (Org.) *Historia Liberationis...*, op. cit., pp. 35-66.

SEGATO, Laura. *Santos e daimones: O politeísmo afro-brasileiro e a tradição arquetipal*. Brasília: Editora Universidade de Brasília, 1995.

SOUSTELLE, Jacques. *Os astecas*. São Paulo: Difusão Europeia do Livro, 1972.

SOUZA, Bernardino José de. *O pau-brasil na História Nacional*. São Paulo: Companhia Editora Nacional, 1939.

SUASSUNA, Ariano. *Aula magna*. João Pessoa: Editora Universitária da UFPB, 1994.

SUESS, Paulo (Org.) *A conquista espiritual da América Espanhola: 200 documentos – século XVI*. Petrópolis: Vozes, 1992.

------- Liberdade e Servidão: Missionários juristas e teólogos espanhóis do século XVI frente à causa indígena, em: Id. (Org.) *Queimada e semeadura: Da conquista espiritual ao descobrimento de uma nova evangelização*. Petrópolis: Vozes, 1988.

------- A catequese nos primórdios do Brasil: Piratininga revisitado, em: VV.AA. *Conversão dos cativos: Povos indígenas e missão jesuítica*. São Bernardo do Campo: Nhanduti Editora, 2009.

SUSIN, Luiz Carlos. "Aqui se conta": A narrativa de N. Sra. de Guadalupe, em: *REB*, n. 52, fascículo 206, junho de 1992.

THEVET, André. *La Cosmographie Universelle*. Paris: Guillaume Chaudiere, 1975, 2 vols.

------- *As singularidades da França Antártica*. Belo Horizonte: Itatiaia, 1978.

TINHORÃO, José Ramos. *Os sons negros no Brasil. Cantos, danças, folguedos: origens*. São Paulo: Editora 34, 2008.

TONETO, Bernadete. *Lendas da América Latina: E de Abya Yala surge a vida*. Editora Salesiana, 2010.

TONUCCI, P.M. & HOORNAERT, E. *Protagonistas e testemunhas da conquista*. São Paulo: Paulinas, 1992.

TOVAR, Antonio & LARRUCEA DE TOVAR, Consuelo. *Catálogo de las Lenguas de América del Sur*. Madri: Gredos, 1984.

VAINFAS, Ronaldo. *A heresia dos índios: Catolicismo e rebeldia no Brasil colonial*. São Paulo: Companhia das Letras, 1995.

------- A Babel religiosa no Brasil holandês, em: ALMEIDA, A.J.S.; SANTOS, L.A.; FERRETTI, S. (Orgs.) *Religião, raça e identidade: Colóquio do centenário da morte de Nina Rodrigues*. São Paulo: Paulinas, 2009.

------- Deus contra Palmares: Representações senhoriais e ideias jesuíticas, em: REIS, João J. & GOMES, Fávio dos Santos (Org.s). *Liberdade por um fio: História dos quilombos no Brasil*. São Paulo: Companhia das Letras, 1996.

VAISSIÈRE, Pierre de. *Saint-Domingue (1629–1789). La Societé et la Vie Créole Sours l'Ancien R*égime. Paris: Perrin, 1909.

VASCONCELOS, Sergio Sezinho Douets. Religião e identidade: O candomblé e a busca da identidade brasileira, em: *Revista de Teologia e Ciências da Religião,* Universidade Católica de Pernambuco, Ano 1, n. 1, janeiro de 2002.

VERGER, Fatumbi Pierre. *Orixás: Deuses yorubas na África e no Novo Mundo*. 5ª ed. (tradução de Maria Aparecida Nóbrega). Salvador: Corrupio, 1997.

VESPÚCIO, Américo. *Novo Mundo: Cartas de viagens e descobertas*. Porto Alegre: L&PM, 1984.

VIEIRA, Dilermando Ramos. *O processo de reforma e reorganização da igreja no Brasil (1844–1926)*. Aparecida-SP: Editora Santuário, 2007.

WAGA, Aiban. (Ed.) *Así lo Vi y Así me lo Contaron*. Recopilación y traducción de Aiban Waga del testimonio del Saila Dummad Inakeliginia. Congresso General de la Cultura. Kuna Yala, Panamá, 1997.